ISRAEL, GOG y el ANTICRISTO

EL FIN DE LOS TIEMPOS

Abraão de Almeida

Israel, Gog y el Anticristo
© 2016 Abraão de Almeida

Publicado por Editorial Patmos,
Miami, FL. 33169

Todos los derechos reservados.

Publicado originalmente en portugués por la Casa Publicadora das Assembleias de Deus (CPAD) com sede na Av. Brasil, 34.401 - Bangu - CEP 21852-002 - Rio de Janeiro – RJ con el título *Israel, Gogue e o Anticristo* © 1999 por Abraão de Almeida

Al menos que se indique lo contrario, las citas bíblicas se toman de la versión Reina-Valera ©1960, Sociedades Bíblicas Unidas y de la Nueva Versión Internacional, © 1999 por la Sociedad Bíblica Internacional. Todos los derechos reservados.

Traducido por Ester Braga Bastian
Editado por Grupo Scribere
Diseño de portada e interior por Adrián Romano

ISBN 13: 978-158802-772-6

Categoría: Escatología

Impreso en Brasil | *Printed in Brazil*

CONTENIDO

PREFACIOS   7
INTRODUCCIÓN   11

1. LOS JUDÍOS, UN PUEBLO SUFRIDO   14
   *Akiba y Bar Kojba; El horror de Las Cruzadas;
   La peste negra y la Inquisición; Los guetos; Los pogromos;
   El Holocausto; La cuarentena; Maquinaria de la muerte;
   «No sabíamos lo que hacíamos»; Un rastro de sangre.*

2. RENACE ISRAEL   45
   *Herzl, visionario y soñador; Huesos secos;
   La Declaración Balfour; El castigo y el jubileo;
   Israel proclama la independencia;
   Operación Alfombra Mágica; El desierto florece.*

3. DIOS LUCHA POR ISRAEL   67
   *Barril de pólvora; Seis días gloriosos;
   «Prohibido para los judíos»; Asombro y milagro;
   Dios peleaba por Israel; Expansión territorial.*

4. GOG Y SUS ALIADOS   84
   *La frustrada política rusa; Gog y sus aliados;
   Un reino de tinieblas; El testimonio de la arqueología;
   Más evidencias.*

5. RAZONES PARA LA INVASIÓN 98
   Las intenciones rusas; La medida de la injusticia;
   ¿Centro de ateísmo en la cuna de las religiones?;
   Siembra y cosecha; ¿Resurgirá la Unión Soviética?

6. EL FIN DE RUSIA 120
   ¿El fin del comunismo?; Un juicio de Dios;
   Las armas de los invasores.

7. EL NUEVO IMPERIO ROMANO 129
   ¿Estados Unidos de Europa?; El nuevo Imperio romano;
   Testimonio de Daniel.

8. ELIMINANDO LAS DUDAS 142
   Diferentes guerras; ¿Redención o tribulación?

9. EL ANTICRISTO 149
   Ejemplo de la historia; El Anticristo y el falso Cristo;
   El número de la Bestia; Otras interpretaciones del 666;
   ¿Un número impreso en la carne?

10. RESULTADO FINAL 164
    Tribulación y gran tribulación; La gran Iglesia venidera;
    Gobierno mundial; Una palabra final.

BIBLIOGRAFÍA 171

*A mi esposa Lucía,
don precioso de Dios para mi vida
y ministerio.*

PREFACIO 1

Israel, Gog y el Anticristo PRESENTA DE UNA FORMA ÚNICA lo que consideramos no solamente uno de los grandes, sino el mayor misterio de la historia de la humanidad: la supervivencia del pueblo judío. ¿Cómo y por qué pudo sobrevivir un pueblo a través de los milenios, siempre íntegro, con la misma fe, las mismas costumbres y tradiciones, luchando en medio de la desgracia y la adversidad?

El periodista Abraão de Almeida ha investigado arduamente, penetrando en las fuentes históricas inaccesibles para la mayoría de los lectores, y ha traído a la luz hechos sorprendentes, escondidos en el flujo abundante de los siglos y milenios de la historia de este pueblo, único en su peculiaridad. El escritor supo sostenerse en la Santa Biblia, fuente *primus inter pares*, cuyas páginas fulgurantes informan con la fuerza de la verdad incuestionable el génesis del pueblo hebreo y su viaje a través de los siglos con sus victorias, derrotas, luchas y sus sufrimientos, y cómo ellos conservaron la señal que aún hoy los distingue de todos los demás pueblos. Estos acontecimientos nos harán entender lo que es ser judío y cómo cada judío en sí mismo se siente honrado de su condición de pertenecer al pueblo de Dios.

El autor no se preocupa con divagaciones o con conceptos filosóficos, como Filón, judío de Alejandría, que afirmaba que «la mayor perfección a la que se llega es el éxtasis del profeta, en la cual la luz de la conciencia individual se manifiesta sumergida en la conciencia divina». Siendo el éxtasis un elemento nuevo en el desarrollo de la psique humana, Abraão de Almeida, como creyente en nuestro Señor y Salvador Jesucristo, entiende más que Filón cuál es el verdadero éxtasis que envuelve a aquellos que reciben la promesa del Padre.

Abraão de Almeida, sin embargo, no discute dogmas, sino que busca mostrar, y lo hace con facilidad, el papel que desempeña la nación judía en el contexto de todos los acontecimientos que involucra la iglesia del Señor Jesús, la columna y baluarte de la verdad.

Israel, Gog y el Anticristo es, en primer lugar, una exposición de cómo el pueblo judío surgió en la estera de los siglos, integrándolos e incluyéndolos como guardianes de los oráculos divinos. En segundo lugar, expone cómo este pueblo pudo superar todas las vicisitudes, soportando sufrimientos, dolores, exilio y exterminios inexorables. En tercer lugar, aclara puntos escatológicos oscuros para muchos lectores, incluso para los más educados.

La nación de Israel estará involucrada en los acontecimientos futuros finales. Gog y el Anticristo van a jugar sus papeles, pero serán derrotados, e Israel alcanzará el plan *desiderátum* por su Dios, el glorioso Dios de Abraham, de Isaac y de Jacob, el Dios y Padre de nuestro Señor Jesucristo, el Dios de toda gracia que es el creador del universo, que es la causa y la eficacia intrínseca de todas las cosas creadas visibles e invisibles.

Como hemos dicho, Almeida ha investigado y analizado. No se puede forjar la historia. Se cita. Nadie puede ser azotado porque se basa solamente en los hechos históricos, ya que todos los conocedores de historia y los historiadores necesitan de información de fuentes históricas, y precisamente en este sentido está el peso y el valor de este libro. Más allá de la parte estrictamente espiritual (que es lo principal de este libro), esta obra es un

Prefacio

excelente repositorio de la historia en la que Israel es puesto en lugar prominente por la misma historia, y donde la figura cumbre de todos los acontecimientos humanos, nuestro Señor Jesucristo, sigue siendo la luz brillante que alumbra los corazones de aquellos que creen en Su nombre.

Israel, Gog y el Anticristo debe ser leído por todos los hombres de buen gusto y sobre todo por el pueblo de Dios, que sin duda, encontrará una mayor motivación para su vida espiritual, y a la vez le dará la capacidad de adquirir conocimiento de los muchos hechos de este pueblo sufrido, pero victorioso, que es la nación de Israel, que en realidad es amada por los verdaderos cristianos evangélicos. Estas son las personas que oran por Israel y la defienden, a sabiendas de que el cumplimiento de las profecías acerca de la trayectoria de la iglesia en el mundo está estrechamente relacionado con lo que sucede con Israel, pueblo de Dios.

Se podría decir mucho más acerca de este libro, pero considero esto innecesario, ya que la obra en sí mismo hablará mejor.

João Pereira de Andrade Silva
(in memóriam)

PREFACIO 2

AL TOMAR POSE DE LA JUNTA EJECUTIVA DE LA EDITORIAL CPAD tracé como uno de mis objetivos principales la edición de libros, por creer en el papel principal de la buena literatura para la formación intelectual y la edificación de la Iglesia cristiana. En ese momento, *Israel, Gog y el Anticristo* estaba agotado, después de dos ediciones vendidas.

Conocía ya el valor de la obra de Abraão de Almeida, y por eso decidí continuar con la impresión. Y no nos equivocamos, ya que decenas de miles de ejemplares han sido distribuidos en todo Brasil.

La causa de la extraordinaria aceptación de este libro (y otros del mismo autor), está en su estilo claro y en la seguridad bíblica con la que el autor analiza los grandes temas del momento. Damos gracias a Dios por este autor brasileño y este libro, que también se edita en otros países.

Por último, un hito. Un hito en los programas de publicación CPAD, en la historia de los escritores pentecostales de nuestro país, con enfoque en los problemas actuales y escatológicos.

Con el lanzamiento de esta edición (acrecentada de nuevos datos e información) esperamos satisfacer los anhelos de los lectores y aprovechar para saludar al autor por su brillante carrera como escritor evangélico.

Rangel Custódio Pires
(in memóriam)

INTRODUCCIÓN

DESDE EL PRIMER LANZAMIENTO DE ESTE LIBRO EN 1977, en Brasil, he recibido gran número de manifestaciones de los lectores. Algunos me enviaron documentos que prueban mis declaraciones; otros solo para hablar sobre el despertar espiritual que les ha causado este tema siempre actual: *Israel, Gog y el Anticristo*. El interés en este libro trasciende las fronteras de Brasil. Esta obra fue publicada en Portugal y puesta a disposición de miles de lectores en Europa, África y Asia en excelente impresión con 252 páginas; y fue traducida al español y publicada en los EE.UU. En total, alrededor de trescientas mil copias distribuidas en todos los continentes.

La razón principal de esta acogida tan calurosa se debe al tema de *Israel*, que siempre es apasionante para los que estudian las profecías bíblicas. El retorno de los judíos a su antigua patria después de dos mil años de exilio y sufrimientos incontables, su extraordinaria supervivencia como Estado y su desarrollo increíble en todos los campos de la ciencia y de la producción a pesar de las muchas guerras sufridas y de las constantes y crecientes presiones y amenazas internacionales, y estos son hechos que todo cristiano debe considerar a la luz de la infalible profecía bíblica. Jesús se refería a este pueblo cuando dijo: «De cierto os digo, que no pasará esta generación hasta que todo esto acontezca» (Mateo 24:34).

La historia no registra caso similar como el del judío. Él logra ser distinto dondequiera que viva. Docenas de otras naciones han surgido en el mismo período; mantuvieron sus características propias por un tiempo, pero pronto se perdieron en su totalidad en la gran masa de la humanidad. El pueblo judío, sin embargo, está hoy en Asia, Europa, América y en otras partes del mundo, manteniendo la misma distinción que tenía tres mil años atrás. Resistió toda clase de persecución y toda influencia que le obligaba a mezclarse con otras naciones, manteniéndose fiel a su linaje como descendiente de Abraham. Cuando Federico el Grande pidió una prueba de la existencia de Dios a su capellán, este respondió con prontitud: «¡El pueblo judío, Su Majestad!»

En este pueblo tan peculiar se cumplen hoy profecías que fueron hechas más de tres mil años atrás, muchas de ellas se refieren al reciente renacimiento de Israel, las guerras árabe-israelíes y el papel que juega este nuevo país entre las naciones, tanto en nuestro tiempo como en el futuro. Por tanto, son de mucha valía las palabras mencionadas por Jesús en Lucas 21:29-31:

> «Mirad la higuera y todos los árboles: cuando ya brotan, viéndolo, sabéis por vosotros mismos, que el verano está ya cerca. Así también vosotros, cuando veáis que suceden estas cosas, sabed que está cerca el reino de Dios».

Israel es hoy una higuera que está brotando. Plantada en el sitio más codiciado del mundo en la encrucijada de tres continentes, en lo largo de las vastas reservas de petróleo del Oriente Medio, el Estado de Israel ha sido objeto de atención y de los intereses de todos los pueblos. Incluso las grandes potencias y naciones fuertes, tales como EE.UU., China y Rusia, han girado en torno a este pequeño país de Israel. Esta nación es como el reloj divino para mostrarnos que estamos muy adelantados en el tiempo del cumplimiento de las profecías. Los milagros experimentados por

Introducción

ese país son las señales de que nuestro Dios se manifestará pronto a los ojos de las naciones cuando se producirán las grandes invasiones en Palestina, predichas en las profecías. Desde 1977 hasta la fecha, muchos eventos relacionados con Rusia y sus antiguos satélites, Persia, Irak e Israel, han confirmado nuestras predicciones mencionadas en las ediciones anteriores de este libro.

Por supuesto, no tengo ninguna intención de agotar en estas páginas un tema tan profundo y amplio como el de Israel en la profecía. Tampoco tengo la pretensión de dogmatizar acerca de las conclusiones a las que he llegado. Es mi propósito mostrar en el accesible lenguaje de periodista que siempre uso, un análisis de Ezequiel 38 y 39 y traer un rápido comentario sobre el Anticristo (las señales visibles que presagian su manifestación al mundo, su aplicación y el significado del número misterioso 666) dando al lector más razones para una vida dedicada al Señor, en vista de la proximidad de Su venida gloriosa.

Pocas veces el Medio Oriente se puso en evidencia en los programas internacionales de noticias como en nuestros días. La crisis político-religiosa en Egipto y la guerra civil en Siria deja a Israel en el centro de grandes problemas. El fracaso de las Naciones Unidas (ONU) en la reducción de la violencia en Siria, en virtud del apoyo que este país recibe de Irán, China y Rusia, puso al mundo al borde de una guerra regional o incluso mundial.

Es mi sincero deseo que el Señor siga bendiciendo esta obra. Si después de leer estas páginas el lector se siente inspirado por el Espíritu Santo a vivir una vida más abundante en el evangelio de Cristo, entonces haga recomendaciones de este libro a sus mejores amigos. Si eso ocurre, este libro habrá cumplido con su noble propósito, y el autor se sentirá plenamente recompensado.

Abraão de Almeida

1

LOS JUDÍOS, UN PUEBLO SUFRIDO

«Y a vosotros os esparciré entre las naciones y desenvainaré espada en pos de vosotros; y vuestra tierra estará asolada y desiertas vuestras ciudades. El Señor hará que te derroten tus enemigos». (Levítico 26:33, Deuteronomio 28:25 NVI).

SE CALCULA QUE, A PRINCIPIOS DE LA ERA CRISTIANA, LA población del vasto Imperio romano era aproximadamente de doscientos cincuenta millones, de los cuales cuatro millones y medio eran judíos. Del total de los judíos, más de la mitad vivía fuera de las fronteras de Palestina.

Jerusalén, centro espiritual para todos los judíos de la diáspora romana, se abarrotaba de peregrinos, cientos de miles de personas, que asistían anualmente a las festividades de Pascua y Pentecostés, las ceremonias más destacadas del culto judío. El evangelista Lucas da testimonio de esta realidad al describir la venida del Espíritu Santo en Pentecostés:

«Moraban entonces en Jerusalén judíos, varones piadosos, de todas las naciones bajo el cielo. Partos, medos, elamitas, y los que habitamos en Mesopotamia, en Judea, en Capadocia, en el Ponto y en Asia, en Frigia y Panfilia, en Egipto y en las regiones de África más allá de Cirene, y romanos aquí residentes, tanto judíos como prosélitos, cretenses y árabes» (Hechos 2:5, 9-11).

Fue en este ambiente cargado de religiosidad, incendiado por un nacionalismo feroz y enfermizo, que Jesús fue arrestado, juzgado y crucificado. Sus doctrinas, basadas en el amor al prójimo, llenas de sentimiento espiritual y totalmente desposeídas de propuestas político-nacionalistas, decepcionaron y enfurecieron a los judíos. En un momento de odio desenfrenado por Cristo y por su mensaje respondieron a Pilatos: «Su sangre sea sobre nosotros, y sobre nuestros hijos» (Mateo 27:25).

Conscientes o no, los hijos de Israel rechazaron al Mesías tan esperado, y atrajeron sobre sí y sobre sus hijos las consecuencias nefastas de esa trágica elección, ya que Dios había dicho a Moisés:

«Profeta les levantaré de en medio de sus hermanos, como tú; y pondré mis palabras en su boca, y él les hablará todo lo que yo mandare. Mas a cualquiera que no oyere mis palabras que él hablare en mi nombre, yo le pediré cuenta» (Deuteronomio 18:18-19).

Los ideales de la independencia política judía no murieron con la llegada del cristianismo, ni con la conversión de miles de israelíes a la nueva fe. Los partidos político-religiosos continuaron su trama secreta, multiplicando los ataques violentos contra sus gobernantes. Esto hizo imposible cualquier solución pacífica desde mayo de 66 d. C., cuando las autoridades romanas reaccionaron con armas en un intento de sofocar la rebelión organizada para tomar el control de todo el país.

La campaña para aplastar la revuelta fue organizada por el emperador Nerón, después de que los rebeldes aniquilaron las guarniciones romanas del mar Muerto y del fuerte Antonia. Fueron varias y sangrientas las batallas que lucharon en las ciudades de Galilea, con muchas bajas en ambos lados, pero siempre predominando la Roma de hierro. De este momento histórico y sobre Vespasiano, Suetonio dice:

> «Excluido no solo de la intimidad del emperador, pero más aún del saludo público, se retiró a un pueblo pequeño y aislado, hasta el momento (aunque escondido y temeroso de su destino) en que le ofrecieron un gobierno con un ejército. Había una vieja y sólida creencia, diseminada en todo el Oriente, predicha por los destinos, de que hombres salidos de Judea en aquel tiempo, se convertirían en los amos del mundo. Este oráculo, que iba ser verdadero para un general romano, como lo demuestran los acontecimientos más tarde, unió a los judíos y estos se rebelaron».

Más adelante, continúa el historiador romano del primer siglo:

> «Como era necesario, para suprimir este levantamiento, un valiente general, en quien pudiera confiar esta tarea con seguridad, Vespasiano tuvo la preferencia sobre todos los demás, como jefe sumamente competente y experimentado, y no se hacía necesario temer la oscuridad de su familia y de su nombre. Como consecuencia de esta confianza, reforzó sus tropas con dos legiones, ocho escuadrones y

diez cortes, incluyendo el nombre de su hijo en la lista de los lugartenientes.

Desde que puso pie en su provincia, atrajo para sí mismo la atención de las provincias vecinas. Rápidamente restauró la disciplina y ofreció un combate, y luego otro, con tanta energía que durante el sitio de una fortaleza, fue herido en la rodilla por una piedra y detuvo, en su escudo, numerosas flechas». (1)

Proclamado emperador romano tras el suicidio de Nerón (y después de que tres emperadores, uno tras otro, perdieran el trono y la vida), Vespasiano dejó el último acto de la guerra con los judíos a su hijo Tito, quien, en la pascua del año 70, ordenó el inicio del asedio de Jerusalén, determinando la construcción de una muralla de estacas alrededor de la ciudad, con siete kilómetros de largo, construido en tan solo tres días para impedir la fuga de los sitiados y obligarlos a rendirse. Entonces se cumplieron las palabras de Jesús:

> «Porque vendrán días sobre ti, cuando tus enemigos te rodearán con vallado, y te sitiarán, y por todas partes te estrecharán, y te derribarán a tierra, y a tus hijos dentro de ti» (Lucas 19:43-44).

Cabe señalar, sin embargo, que la población israelí de Palestina en el momento de la guerra era mucho mayor, según el testimonio de Flavio Josefo, que registró en detalle las terribles consecuencias de la rebelión judía.

Los sitiadores utilizaban la crucifixión en gran escala, colgando en troncos de árboles a todos los judíos capturados, hasta que un inmenso bosque de cruces fue levantado en torno de Jerusalén y ya no había ningún árbol cercano. Luego corrió el rumor entre las legiones de que los fugitivos hambrientos tragaban piezas de oro para recuperarlas más tarde si llegasen a escapar. Esto dio lugar a un nuevo método de exterminio: a golpe de espada, los soldados furiosos abrían el vientre de las víctimas que aún vivían, en busca de los supuestos valores.

El terrible cerco de Jerusalén duró cinco meses de sufrimientos indecibles. Durante este período, seiscientos mil cadáveres fueron arrojados fuera de las murallas de la ciudad. La peste y el hambre se encargaron de diezmar a cientos de personas cada día, y muchos se pusieron de camino a la tumba incluso antes de haber llegado su hora. Cuando la ciudad cayó, dejó alrededor de un millón cien mil muertos, y por una sola de sus puertas fueron sacados ciento quince mil cadáveres. De los noventa y siete mil sobrevivientes, la mayoría fueron llevados a Roma, muchos fueron regalados a los de la élite del imperio para morir más tarde en las arenas como gladiadores, en espectáculos públicos, y miles de personas fueron enviadas para realizar trabajos forzados en Egipto.

En relación a la ciudad y al gran templo de Herodes, la predicción de Jesús no podía ser más detallada que esto: los cimientos de los edificios fueron retirados, incluyendo los cimientos del templo, y toda el área quedó nivelada. No quedó allí «piedra sobre piedra» (Lucas 19:44).

Akiba y Bar Kojba

Desde el año 132 al 135, los judíos intentaron de nuevo quitarse de encima el pesado yugo romano. Los fanáticos políticos de la inflexible resistencia judía, bajo la dirección del rabino Akiba, se organizan en heroicas legiones y enfrentan con éxito, fuerzas incomparablemente más numerosas. Una crisis creció hasta el punto de impedir cualquier acuerdo entre los rebeldes ocupantes y las autoridades romanas.

Por otra parte, la terquedad del pueblo de Israel lo llevaría al borde del exterminio. El general Julio Severius, en una limpieza fulminante, devastó la tierra y se vio en una situación precaria delante de los nuevos ejércitos organizados por el famoso guerrero Simón bar Kojba, a quien Akiba había presentado como el Mesías.

Este falso mesías, cuyo apellido indica que era de la ciudad de Cozeba (1 Crónicas 4:22), vio su nombre transliterado simbólicamente Bar-Cokh'ba, que en arameo significa «hijo de la estrella». Rabí Akiba vinculó ese nombre al texto bíblico: «Una estrella saldrá de Jacob, un rey surgirá de Israel» (Números 24:17, NVI). A partir de esta interpretación forzada de la Escritura, no fue difícil despertar a la población judía contra los gobernadores romanos.

Los soldados romanos destruyeron cincuenta de las principales fortalezas judías y novecientos ochenta y cinco de sus aldeas fueron arrasadas. Alrededor de quinientos ochenta mil hombres cayeron solamente en la batalla, y otros miles más perecieron de hambre en la ciudad amurallada de Betar, mientras resistían valientemente la implacable destrucción llevada a cabo por los romanos. Son incontables los números de los que murieron de hambre, de enfermedades y por el fuego. Judea se convirtió en un vasto desierto.

Akiba fue capturado y ejecutado en Cesárea. Poco antes de su muerte, exclamó: »Escucha, Israel, el Señor es nuestro Dios, el Señor uno es».

Como resultado de esta trágica revuelta nacionalista, una vez más los mercados se llenaron de esclavos judíos. Jerusalén fue reconstruida como una ciudad típicamente pagana. Adriano prohibió la práctica del judaísmo, bajo pena de muerte. Los romanos cambiaron el nombre de Judea para Siria Filistea, de la cual se derivó la palabra moderna Palestina.

Despatriados, humillados, disminuidos y odiados, los judíos restantes fueron prohibidos después de poseer tierras y trabajar en los departamentos gubernamentales. Luego se dedicaron a la actividad comercial (actividad prohibida a los cristianos en la Edad Media) y cambiaron sus ambiciones políticas por las conquistas del espíritu, transfiriendo el centro de su cultura de Judea para Babilonia, donde los comentarios e interpretaciones de la Biblia formaron más tarde el famoso Talmud.

El horror de Las Cruzadas

Las comunidades israelitas en diversas partes del mundo, las cuales vivían en paz y se dedicaban al libre comercio, llegaron a ser prósperas. Pero en el año 622, cerca de la ciudad de Medina, por orden de Mahoma ochocientos judíos fueron enterrados vivos, quedando solamente con la cabeza por fuera para ser decapitados después. Esta masacre se prolongó durante todo el día y continuó hasta adentrada la noche.

Poco después, en el año 681, en la ciudad de Toledo, la Iglesia romana empezó a imponer restricciones a los judíos. La superstición y el bajo nivel espiritual que atravesaba el cristianismo nominal durante la Edad Media, se ocuparon de hacer el resto. Es importante señalar aquí que durante la larga noche medieval, de casi mil años, se les prohibió a los judíos poseer tierras, ya que la posesión generaba fuente de poder que el judío no podía ejercer en la cristiandad. Sobró para ellos la actividad de las prácticas comerciales y crediticias, práctica que era prohibida a los cristianos.

En el año 1096 se organizó en Clermont (Francia) la primera guerra de la cruz contra los mahometanos que ocupaban los lugares santos de Palestina. Los cruzados liderados por el mercenario francés Guillermo cayeron sobre las comunidades judías de la región de Renania, Tréveris, Espira y de Worms además de otros lugares. Las hordas sanguinarias arrastraban hombres, mujeres y niños a las iglesias católicas para bautizarles a la fuerza, pero la mayoría prefería pagar con la vida y mantener su fidelidad a los principios antiguos del judaísmo. Razonaban los peregrinos hermanos que, antes de exterminar a los sarracenos en el oriente, necesitaban eliminar en el occidente a los descendientes de aquellos que crucificaron al Hijo de Dios.

El historiador Joseph-François Michaud cuenta lo siguiente acerca de un grupo de estos peregrinos, reunidos en las orillas del Rin y del Mosela, que tenían por jefes al cura Volkmar y al conde Ernicon:

> «Estos dos jefes se admiraban de que harían guerra contra los musulmanes, que tenían bajo su ley la tumba de Jesús Cristo, mientras que dejaban en paz un pueblo que había crucificado a su Dios.
> Para inflamar las pasiones, ellos cuidaron de hacer hablar el cielo y de apoyar su opinión en visiones milagrosas. El pueblo, para quien los judíos eran por todas partes objeto de horror y odio, ya era muy propenso a perseguirlos. Ernicon y Volkmar dieron la señal y el ejemplo. Obedeciendo a su voz, una multitud enfurecida se extendió por las ciudades vecinas del Rin y el Mosela, masacrando sin piedad a todos los judíos que encontraban a su paso.
> En su desesperación, muchas de estas víctimas prefirieron suicidarse antes de recibir la muerte por manos enemigas. Muchos se encerraron en sus casas y murieron en medio del fuego que ellos mismos habían encendido. Algunos

ataban grandes piedras en la ropa y se lanzaban con sus pertenencias en el río Rin y en el Mosela. Las madres asfixiaban a sus hijos contra su pecho, diciendo que preferían enviarles al seno de Abraham, que entregarlos a la ira de los cristianos. Las mujeres, los ancianos, solicitaban misericordia pidiendo que les ayudasen a morir. Todos estos desafortunados deseaban la muerte, así como los demás hombres deseaban la vida». (2)

La peste negra y la Inquisición

Entre los años 1347 y 1350 estalló en Europa una devastadora plaga llamada peste bubónica, conocida también como *muerte negra*. Como resultado murieron setenta y cinco millones de personas, lo que equivale a un tercio de la población total de Europa. Una vez más la superstición, el complejo antisemita y la ignorancia se comprometieron a echar toda la culpa de las fatalidades a los judíos.

Aunque el Papa Clemente VI exonerara a los judíos, diciendo que estos también morían contaminados por la peste así como los cristianos, el fanatismo hablaba más fuerte que la razón y la ruina vino como una tormenta. En más de 350 ciudades europeas, los infelices israelitas fueron golpeados hasta la muerte, ahogados, quemados vivos, colgados y estrangulados.

Infamante, desde todo punto de vista, fue el martirio de los judíos en España y en Portugal durante el período de la Inquisición. Solo en Toledo, en unas semanas fueron quemados vivos 2400 hombres, acusados de ser infieles al catolicismo. El individuo que decía estar arrepentido de su falsa conversión alcanzaba la «misericordia» de ser estrangulado en lugar de ser arrojado en las llamas «purificadoras». Este tribunal infame implementado en

Los judíos, un pueblo sufrido

Portugal en 1536, actuó en contra de los judíos con tanta crueldad que provocó la protesta del Papa Pablo II, además de hacer que el Concilio de Trento se ocupase de los hechos bárbaros de los inquisidores lusos.

Sin embargo, el odio por los judíos no comenzó con la Inquisición y no era una característica exclusiva de los inquisidores, pues eran emanados de los poderes eclesiásticos e imperiales; pero desbordó en las masas fanatizadas, siempre resultando en matanzas sangrientas. He aquí un ejemplo:

«Veinte años antes de instalarse la Inquisición en Portugal, D. Manuel, huyendo de la peste terrible, se dirigió a Beja en el comienzo del año 1518, en visita a su madre, D. Beatriz. En Lisboa, donde la peste llegó a matar 230 personas al día, los ciudadanos hacían preces públicas, organizaban procesiones y penitencias, implorando a gritos la misericordia divina. "Entonces, el 15 de abril de ese año se produjo el famoso episodio en la iglesia de S. Domingos, que dio lugar a una feroz masacre a los cristianos nuevos. Donde los cristianos viejos querían ver un milagro, un rayo de luz que se filtraba a través de las vidrieras posaba sobre un crucifijo, aureolándole de luz…

Un cristiano nuevo que se encontraba entre los presentes, pronunció imprudentemente frases de incredulidad. El público, indignado, a continuación saltó por encima de la barandilla, lo arrastró por el cementerio, causándole la muerte y quemándolo. ¡Esto fue el origen de todo! Se dio inicio a la búsqueda de los nuevos conversos.

—¡Herejía! ¡Herejía! —gritaban. Y el pueblo arrastrado por la exaltación recorría las calles, en la práctica de cosas horribles. Los disturbios se tornaron en revolución popular.

Los marineros de los muchos barcos extranjeros anclados en el río, juntaban a la chusma amotinada dando secuencia a un largo drama de anarquía. Los cristianos nuevos que vagaban por las calles sin cuidado eran asesinados o dejados gravemente heridos, arrastrados (a veces semivivos) a las hogueras que eran armadas rápidamente, tanto en Rossio como en las orillas del Tajo. Inundaron de sangre las calles, quemaron casas y los cadáveres eran amontonados en pilas. Las aterrorizadas víctimas no escapaban ni siquiera en los templos donde se refugiaban con la última esperanza de salvarse... Hubo saqueos, violaciones de mujeres...» (3)

El antisemitismo no desapareció con Las Cruzadas o con la Inquisición, y se mantuvo activo en muchas partes del mundo. En los países del este de Europa, los apóstoles de la «última fe verdadera» causaron envidia a los inquisidores españoles y portugueses. Las más crueles matanzas, mutilaciones, cuerpos descuartizados, personas quemadas vivas, todo fue hecho en nombre de la religión. Las hordas de fanáticos parece que conocían solamente una fórmula: o el bautismo o la muerte.

Hay informes y crónicas de ese tiempo que para leerlos es necesario tener buenos nervios. Es natural que la mayoría de los judíos se negasen al bautismo, con pocas excepciones. Como dijo uno de sus historiadores, los judíos no querían ser cristianos, sino que deseaban permanecer fieles a su Dios y a su noble tradición histórica, aun cuando tal fidelidad resultaba en el exterminio de sus hijos, la violación y muerte de sus esposas. Ellos, en grandes masas y a miles desafiaban la muerte por martirio. Todo esto ocurrió en un corto período entre abril y noviembre de 1648. El número de judíos asesinados superó los doscientos mil. (4)

Los judíos, un pueblo sufrido

En referencia a este acontecimiento sombrío, el sabio judío de Volinia, Moshe ben Natan Hannover, que se salvó huyendo a Ámsterdam, publicó en 1653, en Venecia, un informe en hebreo mostrando al mundo cómo los judíos murieron en Polonia, en manos de los cosacos y ucranianos:

«Les sacaban la piel y tiraban la carne a los perros, les cortaban las manos y los pies, y los dejaban morir despacio con los cuerpos mutilados, rasgaban a los niños al medio por las piernas, los bebés eran asados y las madres eran forzadas a comer la carne de sus hijos; abrían el vientre de las mujeres embarazadas y golpeaban el rostro de las madres con el feto que fuera sacado, ponían gatos vivos en los vientres de la mujer y cosían el cuerpo con el gato adentro. Cortaban los brazos de las mujeres, para que ellas no sacasen el animal, ni pusieran fin a su existencia». (5)

Los guetos

No es posible entender la actual y desesperada lucha de los judíos en la preservación de su territorio sin un trasfondo histórico. Los éxitos en las guerras con los árabes, la invasión del Líbano al perseguir a los enemigos palestinos y el aumento del aislamiento de su país en el contexto mundial tienen sus raíces en los muchos sufrimientos en la diáspora, donde los guetos se convirtieron en el principal símbolo de la horrible y humillante segregación racial y religiosa de la que fueron víctimas. No obstante, los guetos no solo se convirtieron en símbolo de la perversidad humana, sino también muchos se convirtieron literalmente en verdaderas tumbas de comunidades muy numerosas, como Varsovia, por ejemplo.

Una de las profecías acerca de la restauración nacional de los judíos, dice:

> «Así ha dicho Jehová el Señor: He aquí yo abro vuestros sepulcros, pueblo mío, y os haré subir de vuestras sepulturas, y os traeré a la tierra de Israel. Y sabréis que yo soy Jehová, cuando abra vuestros sepulcros, y os saque de vuestras sepulturas, pueblo mío» (Ezequiel 37:12-13).

Ninguna otra figura de los modernos guetos, de donde los muchos judíos han salido de regreso a su patria, podría ser más apropiada que la de una sepultura. En sentido estricto, un gueto define un barrio judío, un área limitada por la ley para ser habitada solo por judíos. El nombre deriva de la fundición, o *Ghetto*, en Venecia, donde los judíos fueron segregados en 1517. La idea, sin embargo, sobre la segregación de los judíos, implícita en la primera ley de la Iglesia romana, se originó en los Concilios de Letrán de 1179 y 1215, que prohibieron que judíos y cristianos vivieran juntos.

En España, los judíos vivían desde el siglo XIII en barrios judíos provistos de muros y puertas de protección. En el siglo XV, los frailes en Italia comenzaron a presionar por la segregación efectiva de los judíos. En 1555, el Papa Pablo IV ordenó que los judíos en los Estados Pontificios deberían vivir en manzanas separadas, lo que se llevó a cabo inmediatamente en Roma y se convirtió en norma en toda Italia, durante la próxima generación.

El nombre «gueto» era ahora de aplicación universal. La institución también se hizo común en Alemania, Praga y en algunas ciudades de Polonia. Era una ciudad dentro de otra ciudad, disfrutando de un grado de autonomía y de vigorosa vida espiritual e intelectual. Pero era insalubre, superpoblada (ya que su área no se podía ampliar) y estaba constantemente sujeta a incendios.

Los judíos, un pueblo sufrido

Además, el sistema de guetos era acompañado a menudo por el bautismo forzado, uso del emblema judío (la estrella de David), sermones de conversión y restricciones profesionales, etc.

En Italia, el gueto que fuera abolido durante la Revolución Francesa, se reintrodujo en el siglo XIX, y finalizó en 1885 tras la unificación de Roma al Reino de Italia, que se produjo en 1870. Marcos Margulies comenta: «Señores, 1885 es ayer».

En otros países, la situación fue similar. Una de las características de los nuevos centros en Europa occidental desde el siglo XVI, era que no estaban siendo sometidos al sistema de guetos. En Francia, solo en 1791 la Asamblea Nacional concedía a los judíos todos los derechos civiles.

La ley musulmana originalmente no estipuló áreas de residencia no musulmanes. El desglose se produjo en el siglo dieciocho, cuando los judíos se vieron obligados a alejarse de las inmediaciones de las mezquitas y se quedaron restringidos a los límites de sus casas. Con la recesión económica, los barrios judíos se convirtieron en barrios marginales. En el este musulmán (por ejemplo, Persia), el fanatismo chií, haciéndose sentir desde adentro hacia afuera, impuso la formación de distintos barrios judíos, cerrados por la noche y en el *sabath*. Se extendió también esta práctica a Yemen y Marruecos. Muchos guetos marroquíes siguen habitados hasta hoy.

Los guetos establecidos por los nazis en el este de Europa (1939-1942) no se formaron de manera permanente. Los barrios judíos eran parte del plan para exterminar a los judíos y tuvo como objetivo concentrar, aislar y debilitar a sus ocupantes espiritualmente, antes de la aniquilación.

Entre 1939 y 1942, judíos de Polonia, Alemania, Checoslovaquia y otros países fueron trasladados principalmente a las áreas de Varsovia y Lublin. Los guetos se establecieron allí y en otros lugares, como Lodz, Minsk, Vilma, Cracovia, Bialystok, Lvov, Riga, Sosnowiec. La población del gueto de Varsovia llegó a 445.000 habitantes, y el gueto de Lodz fue de 200.000 habitantes. Estos guetos superpoblados inicialmente fueron mantenidos de forma segura en sus límites originales. Todos ellos eran, en última instancia, cerrados; la salida (excepto con permiso) era castigada con la muerte. El control estaba en manos de la Gestapo y las SS, que elegían vigilantes judíos para llevar a cabo sus órdenes a través de una fuerza de policía judía. Los vigilantes organizaban escuelas, promovían el bienestar, mantenían tribunales de justicia y estaban obligados a proporcionar mano de obra para los alemanes.

Mientras que los planes nazis se evidenciaban, tanto los vigilantes como los policías judíos pasaron progresivamente a manos de los colaboradores, quienes formaron un grupo privilegiado. El gueto tenía centros industriales que trabajaban para Alemania por salarios nominales.

Los nazis sistemáticamente llevaban los guetos a la inanición, y toda asistencia posible solo podía financiarse a costa de los judíos mismos. A pesar de la pobreza y de la desmoralización, los judíos mantenían una actividad cultural intensa, sosteniendo las escuelas y fomentando la ayuda mutua. De esta fuerza moral nacieron los disturbios de 1943. El exterminio metódico de los guetos comenzó con los sucesivos traslados de los grupos para la masacre en 1941. El gueto de Varsovia fue liquidado en 1943, y los otros en 1944. (6)

Después de la victoria de Israel contra los ejércitos invasores en la Guerra de la Independencia en 1948, cientos de miles de judíos fueron expulsados en masa de los países árabes. Dejaron sus «tumbas» (los guetos), y nada pudieron llevar con ellos, dando cumplimiento literal a la profecía de Jeremías 31:8:

Los judíos, un pueblo sufrido

«He aquí yo los hago volver de la tierra del norte, y los reuniré de los fines de la tierra, y entre ellos ciegos y cojos, la mujer que está encinta y la que dio a luz juntamente; en gran compañía volverán acá».

Los pogromos

No es mi intención hacer este trabajo muy extenso, pero no puedo privar al lector de la descripción de uno de los muchos pogromos que se le han infligido al pueblo de Israel. Este pogromo ocurrió en 1903 en la ciudad rusa de Kishinev.

De acuerdo con el informe de la comisión de investigación de la Organización Sionista de Londres, los líderes del pogromo echaban mano del comienzo de la noche del domingo para organizar la masacre de forma sistemática y racional. Estos organizadores se muñían de armas y uniformes, y contaban con los callejeros, con los trabajadores, con personas de clase media, con la policía y hasta con los seminaristas de la iglesia ortodoxa.

Entre las armas distribuidas a los participantes de la masacre estaban el hacha, piezas de hierro y mazas (armas de hierro con una punta esférica provista de bordes afilados), capaces de romper todas las puertas y todos los armarios, incluso blindados.

Durante la noche, los agentes del pogromo marcaban con tiza blanca todas las casas y tiendas de los judíos, y organizaban un servicio de información permanente con una conexión entre estos agentes hecha por ciclistas reclutados entre los estudiantes, los seminaristas y su personal. La organización no se limitaba solamente en la ciudad; fueron enviados emisarios a las aldeas más cercanas con el propósito de invitar a los agricultores para que se unieran al saqueo y a la masacre de los judíos. Alrededor de las tres de la mañana los preparativos fueron considerados listos para que se diera la señal de la nueva fase del pogromo.

Por supuesto que los historiadores del pogromo no fueron capaces de describir con detalle lo que sucedió después, en medio de una orgía de brutalidad atroz, una sed bárbara de sangre y de un libertinaje diabólico.

«Durante todo el día lunes, desde las tres de la mañana hasta las ocho de la noche, las hordas bárbaras se entregaban a esta orgía en medio de las ruinas que ellos apilaban. Mientras acosaban, masacraban, violaban y maltrataban a los judíos de Kishinev, cuarenta y nueve personas perdieron la vida cuando fueron sometidas a torturas y violaciones de las más atroces. Representantes de todos los sectores de la población participaron en esta furia salvaje: soldados, policías, sacerdotes, niños, mujeres, campesinos, trabajadores y vagabundos.

Desde el comienzo de la noche, todas las casas judías de Kishinev resonaban con gritos de asesinatos horripilantes y de la agonía de las desafortunadas víctimas. En todas partes y, al mismo tiempo, bandadas de diez a veinte personas, a veces de ochenta y cien, actuaban según el mismo sistema. Al igual que en el día anterior, las tiendas eran atacadas y saqueadas, lo que no podía ser tomado era empapado con gasolina y quemado.

Bandadas penetraban aullando en las casas de los judíos, exigiendo dinero y joyas. Si los judíos no les entregaban rápidamente, eran masacrados. Cuando no tenían nada más que dar, o cuando los asesinos tenían otros caprichos, los hombres simplemente eran masacrados. Después las mujeres eran violadas delante de los sobrevivientes, los maridos y los niños, y en algunas ocasiones las mujeres eran violadas sucesivamente por varios salteadores. Amputaban los brazos y las piernas de los bebés. Algunos niños eran arrastrados a plantas altas y lanzados a la calle. El más terrible pánico reinaba entre los judíos, que en vano buscaban refugio en el sótano, en el patio, sobre las azoteas, o salían corriendo de casa en casa y de calle en calle. Reinaba un terror indescriptible durante la noche por causa de las muertes y de la destrucción sistemática. Temprano en la mañana, un comité de cuarenta judíos fue al gobernador para pedir su ayuda. El gobernador respondió que él no podía hacer nada porque no había recibido aún instrucciones de San Petersburgo, pero al mismo tiempo envió a todas las estaciones de telégrafo la estricta prohibición de aceptar telegramas de San Petersburgo.

La masacre continuaba durante todo el día sin disminuir su intensidad. Los grupos se levantaban con banderas, pañuelos o trapos mojados en la sangre de las víctimas judías. Las torturas inventadas por los asesinos eran indescriptibles; todas ellas fueron confirmadas por testigos presenciales, por médicos cristianos y por algunas personas cristianas que intentaron, aunque en vano, oponerse a la furia de la violencia o proteger algunas de las víctimas judías.

Las hordas de asesinos todavía encontraban tiempo para llevar a cabo el robo y el saqueo de las sinagogas con una cólera muy singular. En una de las sinagogas, ante el Arca Sagrada, donde se encontraban los rollos sagrados de la Torá, estaba un bedel, muy animado y de una audacia ejemplar. Con su *talit* (manto de oración) y tefilín esperó el asalto de los asesinos, listo para proteger con su cuerpo los rollos sagrados. Fue asesinado de la manera más atroz.

Después arrancaron los rollos de la Torá del Arca Sagrada, destrozándolos en pedazos y los niños cristianos los vendían a continuación por algunos *kopeques* (moneda rusa) como "recuerdos de Kishinev".
Profanaron los restos de los rollos y los edificios de las sinagogas sufrieron saqueos sistemáticos». (7)

Los historiadores del pogromo dicen que la desenfrenada paranoia de los bárbaros asesinos causó entre los judíos numerosos casos de locura, porque no tenían a dónde ir ni a quién recurrir. El desamparo de las víctimas era total. Los bandidos no permitían que los judíos gravemente heridos fuesen llevados al médico o al hospital, y los tranvías o vehículos se negaban a transportar pasajeros judíos.

Entre las raras excepciones que se produjeron entre las autoridades de Kishinev se registró la tentativa del alcalde de la ciudad, Alexandre Schmidt, quien trató de hacer que el gobernador actuase de otra manera en defensa de los judíos, pero todo fue en vano. Toda la población, en sus diferentes clases sociales, desde los más pobres a los más ricos, incluyendo mujeres, niños, sacerdotes y seminaristas, todos participaron en la masacre y tomaron parte en los excesos de la manera más cruda imaginable.

Los participantes del pogromo de Kishinev saquearon y destruyeron más de 800 viviendas y comercios, mataron con crueldad, cuarenta y nueve judíos, e hirieron gravemente a más de cien, entre los cuales, muchos de ellos murieron más tarde a consecuencia de sus heridas. Unos treinta fueron golpeados hasta la mutilación, y todos los otros judíos quedaron muy heridos físicamente. Alrededor de mil familias fueron tocadas por la muerte.

Sobre todo después del atentado al zar Alejandro II en 1880, los pogromos se convirtieron en algo común en la vida de los judíos del Imperio ruso. Cada desgracia que ocurría a la nación constituía una buena excusa para las masacres. En 1905, después de la derrota de Rusia en la guerra contra Japón, ocurrieron 690 pogromos. Más tarde, entre el comienzo de la Revolución de Octubre y el establecimiento del comunismo en Rusia en 1921, solamente en Ucrania hubo 1236 pogromos, con más de 31.000 muertos.

El Holocausto

El campo de concentración de Dachau (Alemania), construido en 1933, fue la prisión de decenas de miles de judíos durante la Segunda Guerra Mundial. En 1966, el gobierno alemán instaló allí una exposición que mostraba los horrores cometidos en el lugar e hizo obligatorias las visitas de los colegios de nivel medio, para que jamás olvidasen a qué punto llegó el delirio nazi.

Entre dos crematorios hay una estatua de bronce que representa un prisionero de Dachau: un hombre esquelético, rostro cadavérico, ropa hecha harapos, cabeza afeitada. Una leyenda, ubicada a los pies de la estatua, es un grito desgarrador de advertencia a la raza humana. Dice la leyenda:

> «En memoria a las víctimas de los campos de concentración, como expiación por los crímenes cometidos en estos campos; para alerta a la humanidad y enseñanza a todos los visitantes; por la paz entre las clases y entre las razas; para salvar el honor de nuestra Nación, y por la comunión de los pueblos».

En este lugar sombrío murieron hombres y mujeres, después de soportar las más diversas formas de tortura estudiadas a fondo por los verdugos. Había en este sitio el local de los disparos, la tienda de experimentos médicos (donde los nuevos medicamentos fueron probados en los conejillos de indias humanos), el sitio de los castigos especiales de torturas y tormentos, la horca y la cámara de gas.

Acerca de otro campo de exterminio de los judíos, el de Buna Auschwitz, escribió Lord B. Russel:

> «Después de que las víctimas desembarcaban en las plataformas, las reunían en un lugar y les hacían quitar las ropas y los zapatos. A las mujeres se les cortaba el cabello muy corto, y luego todo el grupo, hombres, mujeres y niños eran obligados a caminar desnudos por la calle rumbo a las cámaras de gas.
> Cuando llegaban allí, eran conducidos a las cámaras con brazos levantados para que cupiera el mayor número de personas. Los niños eran puestos sobre las cabezas de los demás. A veces, los niños morían primero…
> Un hombre de las SS era un experto en matar niños; tomándolos por las piernas él les golpeaba la cabeza contra la pared. La ejecución por gas duraba 15 minutos, y cuando se creía que todos ya estaban muertos, se abrían las puertas y el grupo de trabajo forzado, compuesto por judíos, retiraba los cadáveres y arreglaba la cámara para el siguiente lote. (8)

¿Qué podríamos hablar de Birkenau y Gleiwitz? En el primer campo, las colas enormes de presos entraban en el horno crematorio, pero no antes de que fuesen rociados con gasolina para que se consumiesen más rápido. En el segundo campo de concentración, una cinta transportadora mecánica, custodiada por soldados alertas y

perros entrenados, dirigía a los condenados directamente a la hornalla; ¡vivos! Ellos eran lanzados sobre la veloz estera por otros judíos que a su vez, después de quedar exhaustos, seguían el mismo destino trágico de sus hermanos.
Un testigo ocular. No es fácil leer estos informes, ni creer en la veracidad de los mismos. ¿Cómo puede alguien ser tan cruel, tan insensible al dolor ajeno? Pero quiero traer otro testigo confiable. Se trata de un testigo presencial alemán que narra la ejecución masiva realizada en Dubno, el 5 de octubre de 1942:

"Mi jefe y yo fuimos directamente a las zanjas. Oí disparos de fusil en una rápida sucesión detrás de los montículos de tierra. Las personas que bajaban de los camiones (hombres, mujeres y niños de todas las edades) eran obligadas a desnudarse obedeciendo las órdenes de un individuo de las SS que blandía un látigo. Tenían que dejar sus ropas en lugares determinados para cada pieza de ropa. Vi un montón de zapatos, alrededor de 800 a 1000 pares, y grandes montones de trajes y de ropa interior.

Sin gritar o llorar, se desnudaban todos; se reunían en grupos de familia. Se besaban, se despedían y esperaban la señal de otro hombre de las SS, que ya se encontraba junto a la zanja y que también manoseaba un látigo.

Durante los quince minutos que permanecí cerca de la zanja, no escuché una queja o petición de clemencia…

Una anciana con el pelo blanco como la nieve, sosteniendo en sus brazos a un niño de un año, le cantaba y le hacía cosquillas. El niño se reía, complacido. Los padres contemplaban esa imagen con los ojos llenos de lágrimas.

Un padre estaba sosteniendo la mano de un niño de 10 años de edad, le hablaba con afecto, el niño luchaba para reprimir las lágrimas. El padre señaló hacia el cielo y le dio unas palmaditas en la cabeza, pareciendo explicarle alguna cosa.

En aquel momento, el hombre de las SS que estaba junto a la zanja gritó algo a su compañero. Él contó unas veinte personas, y les ordenó que fueran detrás de los montículos de tierra… Recuerdo perfectamente a una joven, de cabello oscuro y delgada, que al pasar por mi lado hizo señales refiriéndose a sí misma diciendo: 'veinte y tres años de edad'.

Fui al otro lado del montículo y encontré una enorme zanja. Estaba abarrotada de gente, una arriba de la otra de modo que solo se les veía la cabeza. La sangre fluía en casi todos ellos. Algunas personas aún se movían, otros levantaban los brazos y giraban la cabeza para demostrar que estaban vivos. Dos tercios de la trinchera estaba ocupada. Me imaginé que contenía alrededor de un millar de personas. Miré al hombre que disparaba. Él era un miembro de las SS. Estaba sentado en el extremo del borde de la zanja, y mecía las piernas. Tenía un rifle metralleta en sus rodillas y fumaba un cigarrillo. Los condenados, completamente desnudos, bajaban algunos peldaños y subían encima de las cabezas de los que ya estaban allí en la zanja, ocupando los lugares que el hombre de las SS les ordenaba. Se acostaban al lado de los muertos o heridos; algunos acariciaban a los que aún estaban vivos y les murmuraban cualquier cosa. Escuché, pues, una serie de disparos. Miré a la zanja; vi retorcerse los cuerpos y algunas cabezas ya inmovilizadas sobre los cuerpos de los que se encontraban debajo. La sangre chorreaba del cuello. Era el turno del grupo siguiente. Todos bajaron a la zanja y se alinearon frente a las víctimas que habían venido antes. También fueron fusilados"». (9)

La cuarentena

Los prisioneros seleccionados para realizar trabajos forzados pasaban por el equipo de identificación, por la cuarentena y, si sobrevivían, eran enviados a hacer los trabajos forzosos. Los que no resistían al trabajo forzoso terminaban en los crematorios.

La identificación comenzaba en el día de la llegada. Conducidos para el patio, todos eran desnudados bajo golpes y patadas. Seguidamente les rasuraban todo el cabello y el vello corporal y buscaban las joyas que pudiesen estar ocultas en los orificios del cuerpo de los hombres y de las mujeres. Luego venía el momento de un baño con el agua muy fría y una carrera al patio de control donde serían contados. En esa carrera les lanzaban tres piezas de ropa y un par de zuecos, que utilizarían hasta la muerte. Y corriendo tenían que vestirse las piezas y calzar los zuecos, aunque fueran pequeños o demasiado grandes para el tamaño del prisionero. Continuaban corriendo hasta el lugar en el que les tatuaban el número de identificación en el antebrazo izquierdo. Una vez terminada esta identificación, empezaba la cuarentena.

Pero no todos los prisioneros recibían la identificación en el mismo día de su llegada. Cuando un cargamento llegaba al final de la jornada laboral, los de las SS dejaban a los hombres desnudos hasta el amanecer. Cuando el invierno se acercaba, los prisioneros desnudos, hombres y mujeres, se mojaban toda la noche o eran forzados a tumbarse en la nieve. Por lo tanto, se congelaban vivos.

Les ofrezco aquí la palabra de un historiador:

«La cuarentena duraba algunas semanas bajo reglas inmutables. A las cuatro en punto de la mañana, contaban los prisioneros. Luego, durante el día, hacían ejercicio: saltar descalzos sobre piedras, quedar durante horas en cuclillas con los brazos extendidos hacia delante, dar vueltas sobre los desechos humanos, acostarse en los pantanos. Cualquier lapso, movimiento mal ejecutado, vacilación en obedecer la orden, rechazo demostrado en el rostro, provocaba una serie de castigos: acostarse para ser pisoteado; quedarse parado toda la noche, con los brazos cruzados detrás de la cabeza, bajo los reflectores de luz, correr descalzo sobre vidrios rotos.

Muy pocos llegaban al final de la cuarentena.

La monotonía de las reglas en los campos hacía que los funcionarios de la cuarentena inventasen nuevas diversiones. Colgaban a los judíos ortodoxos por la barba. Obligaban a los hijos a ahogar lentamente a sus padres. Soterraban algunos de ellos hasta el cuello para usar las cabezas como blanco para los disparos. Era sorprendentemente fértil la imaginación humana.

El juego consistía en ver cuál de las cabezas tomaría más tiempo para agrietarse al golpearla contra la pared. Diversión: balancín cuyo punto de apoyo era el cuello de un infeliz acostado boca abajo. Experimentos: Desnudar una mujer embarazada recién llegada a punto de dar a luz, atándole las piernas juntas, haciéndola acostar oblicuamente, boca abajo, en el patio masculino y observar. La mujer se quedaba allí una noche y dos días gritado. A continuación, los gritos cesaban. Fotografaban, comentaban entre risas. Había que escapar de la monotonía». (10)

En todos los campos de concentración la matanza era tan intensa que los nazis no llevaron a cabo el plan de «la solución final de la cuestión judía» solo porque perdieron la guerra.

Maquinaria de la muerte

Estos son algunos de los mayores crímenes cometidos por los nazis desde 1933:

- *Los primeros actos de violencia contra los opositores políticos.* Detenciones preventivas y arbitrarias en los primeros campos de concentración ilegales, conocidos como «Wilde Konzentrationslager». El número de presos en julio de 1933 fue de 26.789.

- *El Röhm-Putsch* («Golpe de Röhm»). Arresto y muerte de Ernst Röhm, jefe del Estado Mayor General de las fuerzas de choque del Partido Nacional Socialista, como también de varios oficiales de esta organización paramilitar, posteriormente justificada como una medida del Ejecutivo en carácter de emergencia nacional.

- *Campos de concentración.* Las prisiones que a partir de junio de 1933 comenzaron a sustituir los primeros campos de concentración. Dachau, Lublin-Maidanek, Auschwitz, entre muchos otros, actuaban como centros de exterminio y explotación brutal de mano de obra.

En el inicio del año 1945, el total de prisioneros de diversas nacionalidades superó los seiscientos mil.

- *La noche de los cristales rotos (Kirsallnacht).* El pogromo organizado contra los judíos en la noche del 9 de noviembre de 1938: 20.000 judíos fueron detenidos, 36 muertos y 101 sinagogas destruidas.

- *Eutanasia.* Programa establecido para asesinar a los no productivos. Como por ejemplo, los enfermos mentales. Las cámaras de gas fueron instaladas para tal efecto en Grafeneck y Sonnenstein, entre otros lugares.

- *Grupos operacionales en Polonia y unidades de autoprotección del origen étnico alemán.* Comandos militares destacados para la liquidación de líderes e intelectuales polacos y judíos. Las estimaciones conservadoras sitúan el número de muertos en estas unidades, polacos y judíos en su mayoría, entre sesenta y ochenta mil.

- *La policía de seguridad y los grupos operativos de los servicios de seguridad en la Campaña Soviética.* Cuatro grupos formados por miembros de la Gestapo, la Brigada Criminal y el Servicio de Seguridad en 1941, para resolver el problema judío y cumplir las órdenes ejecutivas durante el ataque a la Unión Soviética. Un informe preliminar pone la cifra de muertos en 560.000 en abril de 1942.

- *Crímenes nazis durante la lucha contra la resistencia.* Inhumana persecución contra el movimiento de resistencia, incluyendo el asesinato de mujeres y niños. Un informe preliminar registra la destrucción nazi de 150 aldeas y 1987 haciendas en la Unión Soviética en diciembre de 1942.

Entre el ochenta y el noventa por ciento de los muertos eran judíos.

- «*La solución final de la cuestión judía*». Plan presentado por Reinhard Heidrich en 1942 para exterminar a todos los judíos en Europa. Solo en Auschwitz más de dos millones de judíos fueron asesinados en las cámaras de gas.

- *Delitos cometidos contra prisioneros de guerra.* Miles de judíos, prisioneros soviéticos y otros acusados de actividades comunistas fueron ejecutados poco después de capturados por orden del Alto Mando Militar.

- *Otros delitos.* Miles de civiles fueron ejecutados durante la guerra por el ejército alemán, sin que se encuadrasen en la lista de los crímenes enumerados. Polacos y soviéticos, sometidos a trabajos forzados en Alemania, fueron asesinados por causa de infracciones menores, y muchos de estos trabajadores extranjeros fueron asesinados para evitar que los ejércitos aliados los liberaran.

«No sabíamos lo que hacíamos»

Gran parte de la culpa por el sufrimiento del pueblo judío pesa sobre los hombros de la Iglesia romana, como hemos visto, e incluso sobre la Iglesia Protestante debido a algunas declaraciones irreflexivas de Martín Lutero. Tal vez por esta razón, o por miedo, el protestantismo alemán hizo poco para evitar el exterminio de los judíos, con muchas honrosas excepciones, como es el caso de la conocida familia holandesa Ten Boom, que tan alto precio pagó por dar refugio a judíos y por ayudarlos a escapar de los nazis.

No obstante, aparte de Alemania, que se culpó después de la Segunda Guerra Mundial por lo que había hecho a los judíos, la Iglesia romana también se declaró culpable ante los relatos históricos indisputables que le pesaban en la conciencia y, tal vez, en un momento de profunda reflexión y convicción del cuidado de Dios por la semilla de Abraham, al restaurarles la patria y un nombre respetable en el concierto de las naciones.

El 7 de septiembre de 1966, el Vaticano confirmó la existencia y la autenticidad de una oración compuesta por Juan XXIII pocos días antes de su muerte. En ella, el Papa pide a Dios perdón por todos los sufrimientos que la Iglesia Católica hizo que el pueblo judíos padeciera.

La existencia de esta oración, que de acuerdo con las intenciones del autor debería ser recitada en todas las iglesias, fue recientemente leída durante una conferencia en Chicago por Monseñor John S. Quinn, uno de los expertos del Concilio. He aquí el texto de la oración de Juan XXIII, ahora publicado:

> «Ahora somos conscientes de que a lo largo de muchos siglos, nuestros ojos estaban tan ciegos que no eran capaces de ver todavía la belleza de tu pueblo elegido ni de reconocer los rasgos en el rostro de nuestros hermanos privilegiados. Entendemos que la señal de Caín está registrada en nuestras frentes. A través de los siglos, nuestro hermano estaba acostado ensangrentado y en lágrimas por culpa nuestra, porque nos habíamos olvidado de tu amor. Perdónanos la maldición que injustamente atribuíamos a su nombre judío. Perdónanos por haberte crucificado una segunda vez en ellos en su carne, porque no sabíamos lo que hacíamos». (11)

Un rastro de sangre

En resumen, de todo lo que hemos hablado aquí, ahora tenemos una breve cronología de las persecuciones sufridas por los judíos, desde el siglo I hasta nuestros días.

- 49, Claudio expulsa a los judíos de Roma. (Hechos 18:1)
- 115, la expulsión de los judíos de la isla de Chipre.
- 533, el imperador Justiniano prohibió la lectura de la Biblia en hebreo en las sinagogas.
- 627, en la ciudad de Medina, Mahoma ordenó que 800 judíos fueran enterrados vivos hasta el cuello y luego decapitados.
- 640, 721, 873, los judíos del Imperio bizantino se ven obligados a convertirse al cristianismo.
- 681, en la ciudad de Toledo. La Iglesia romana impuso restricciones al pueblo judío.
- 1009, las Cruzadas alemanas exterminan diversas comunidades judías.
- 1099, la comunidad judía de Jerusalén es víctima de asesinatos debido a las Cruzadas.
- 1146, 1391, judíos españoles se ven obligados a convertirse al cristianismo.
- 1290, expulsados de Inglaterra.
- 1306, expulsados de Francia.
- 1355, la población masacra 12.000 judíos en Toledo (España).
- 1349-60, expulsados de Hungría.
- 1420, aniquilada la comunidad judía de Tolosa.
- 1421, expulsados de Austria.
- 1492, expulsados de Austria.

- 1492, 180.000 judíos expulsados de España.
- 1495, expulsados de Lituania.
- 1497, la expulsión de los judíos de Sicilia y Cerdeña.
- 1502, todos los judíos de Rodas se ven obligados a convertirse al catolicismo bajo la amenaza de expulsión o esclavitud.
- 1516, la masacre de miles de judíos en Lisboa (Portugal).
- 1541, expulsados del reino de Nápoles.
- 1648, 1656, doscientos mil judíos son asesinados en matanzas perpetradas por Chmielnicki, en Polonia.
- 1727, 1747, expulsados de Rusia.
- 1838, la comunidad judía de Meshed (Persia) se ve obligada a convertirse al islam.
- 1882-1890, 750.000 judíos de Rusia se ven obligados a vivir en una zona limitada, dando origen a los guetos.
- 1939-1945, seis millones de judíos fueron asesinados por los nazis alemanes y sus cómplices.
- 1941, la comunidad judía de Bagdad es atacada por una chusma turbulenta: 180 judíos perdieron la vida.
- 1948 hasta hoy, persecución en las comunidades judías en los países árabes y expulsiones masivas.

Es posible observar en este trágico relato histórico que el pueblo israelí era expulsado de sus tierras, pero regresaba allí de nuevo. ¿Por qué?

La respuesta está en el hecho de que el pueblo de Israel poseía enorme capacidad para producir riquezas. Por lo tanto, cuando eran expulsados, todos sus bienes eran confiscados por las autoridades. Más tarde, las mismas autoridades que les habían expulsado les recibían de nuevo para que ellos produjeran más riquezas que fueran confiscadas otra vez en futuras expulsiones.

2

RENACE ISRAEL

«Pues los plantaré sobre su tierra, y nunca más serán arrancados de su tierra que yo les di, ha dicho Jehová el Señor, tu Dios» (Amós 9:15).

AL DESCRIBIR LA HISTORIA SANGRIENTA DE LOS HIJOS DE Abraham a través de los siglos, alguien dijo que ella es mejor conocida por las crónicas de sus masacres. La Biblia narra, de manera inconfundible y sin lugar a duda, la angustia de este pueblo entre las naciones: «Y a vosotros os esparciré entre las naciones, y desenvainaré espada en pos de vosotros; y vuestra tierra estará asolada, y desiertas vuestras ciudades. [...] Y a los que queden de vosotros infundiré en sus corazones tal cobardía, en la tierra de sus enemigos, que el sonido de una hoja que se mueva los perseguirá [...] y no podréis resistir delante de vuestros enemigos» (Levítico 26:33, 36-37).

Más adelante, prosigue la Palabra de Dios: «Jehová te entregará derrotado delante de tus enemigos [...] El fruto de tu tierra y de todo tu trabajo comerá pueblo que no conociste; y no serás sino oprimido y quebrantado todos los días. […]Y serás motivo de horror, y servirás de refrán y de burla a todos los pueblos a los cuales te llevará Jehová» (Deuteronomio 28:25, 33, 37).

Es increíble cómo estas predicciones han sido rigurosamente cumplidas. Pero, así como para poner fin a la noche viene la mañana de un nuevo día, el amanecer rompería también para el pueblo judío, porque el Señor le había prometido: «Y aun con todo esto, estando ellos en tierra de sus enemigos, yo no los desecharé, ni los abominaré para consumirlos» (Levítico 26:44).

Herzl, visionario y soñador

Para muchos estudiantes de las profecías bíblicas y de la historia de Israel, el retorno de los judíos a Palestina y su constitución como una nación libre y soberana, es más que el comienzo de un nuevo día y el comienzo de una nueva vida.

Sin embargo, «¿Quién desearía poseer una tierra tan extraña?», pregunta Meyer Levin, a lo que él mismo responde:

«Un pueblo de temperamento extremo, a amarlo impetuosamente. Y la historia de Israel es la historia de un pueblo y de un lugar, unidos, separados, siempre y siempre… Ningún drama de amantes separados y reunidos nuevamente es más romántico que la historia de este pueblo y de su patria. Los amantes pasan por la prueba de la guerra, de la peste, del exilio, del sufrimiento, de la seducción, de la opulencia exagerada y del placer, pero sin embargo permanecen fieles en su anhelo incesante del uno por el otro, buscando que el reencuentro finalmente se concretice. (12)

Pero no se puede ignorar en la historia del Israel moderno, la figura impoluta de Theodor Herzl. Idealista, soñador y visionario, que esbozó los planes para la redención política de su pueblo. Nació el 2 de mayo de 1860 en Budapest. Estudió Derecho en Viena y se dedicó al periodismo y a la literatura. Trabajaba como corresponsal en París, en la «Neue Freie Presse» de Viena, de cuya página fue editor literario durante toda su vida.

Estadista nato, aunque sin estado y sin pueblo organizado, penetrando profundamente en la cuestión judía, Herzl buscaba ansiosamente su solución. En su libro *El Estado judío*, escribió:

> «La cuestión judía existe. Es un pedazo de la Edad Media perdida en nuestro tiempo, y que con la mejor voluntad del mundo, los pueblos civilizados no podrían desenredar. La cuestión judía existe dondequiera que los judíos vivan, por pequeño que sea su número. Y acerca de Palestina: es nuestra patria histórica. Ese nombre por si solo sería un sonido poderosamente excitante para reunir nuestro pueblo». (13)

En la ocasión de la repatriación de los restos de Herzl de Viena a Israel en 1949, el poeta Bracha Kopstein escribió estas palabras:

> Despierta, por lo menos durante una hora
>   y muéstranos tu sonrisa sabia,
>   y te mostraremos tu profecía…
> Frota tus ojos de tu sueño letárgico
>   y verás: los titanes judíos están cerca de ti,
>   con espadas desnudas contra el cielo.
> Las flores frescas se encuentran a tus pies,
>   de tierra libre cosechada.

Chorrea para ti, en carne y hueso,
   tu sueño hecho realidad sublime.
Levántate, oh profeta, por lo menos durante una hora
   y mira, a los que vinieron a esta ceremonia:
   ¡la bandera blanca y azul desplegaron!
¡El idioma hebreo vivo en nuestras bocas!
¡La alegría reinando en nuestros corazones!
¡La victoria y toda nuestra fe!
Nuestros titanes, nuevos líderes y sin miedo,
   diplomáticos, parlamentarios,
   judíos de todos los estratos,
   y nuestros niños, morenos y rubios.
Despierta por lo menos una hora, y verás:
   en el grandioso día de su historia,
   tu pueblo está presente.

Huesos secos

De manera consciente o no, Herzl tuvo mucho que ver con la profecía de Ezequiel 37. En este capítulo Dios muestra cómo Israel, en el fin de los tiempos, sería restaurado nuevamente a su propia tierra. Pero antes de detenernos en el análisis de este capítulo, vamos a ver lo que otros profetas registraron:

> «Y levantará pendón a las naciones, y juntará los desterrados de Israel, y reunirá los esparcidos de Judá de los cuatro confines de la tierra» (Isaías 11:12). «Oíd palabra de Jehová, oh naciones, y hacedlo saber en las costas que están lejos, y decid: El que esparció a Israel lo reunirá y guardará, como el pastor a su rebaño» (Jeremías 31:10). «Y traeré del cautiverio a mi pueblo Israel, y edificarán

ellos las ciudades asoladas, y las habitarán; plantarán viñas, y beberán el vino de ellas, y harán huertos, y comerán el fruto de ellos» (Amós 9:14).

En el capítulo 37 de Ezequiel, el valle significa el mundo, los huesos indican al pueblo de Israel y las tumbas significan las naciones de hoy.

El texto dice:

«La mano del Señor vino sobre mí, y su Espíritu me llevó y me colocó en medio de un valle que estaba lleno de huesos. Me hizo pasearme entre ellos, y pude observar que había muchísimos huesos en el valle, huesos que estaban completamente secos.
Y me dijo: "Hijo de hombre, ¿podrán revivir estos huesos?" Y yo le contesté: "Señor omnipotente, tú lo sabes". Entonces me dijo: "Profetiza sobre estos huesos, y diles: ¡Huesos secos, escuchen la palabra del Señor! Así dice el Señor omnipotente a estos huesos: 'Yo les daré aliento de vida, y ustedes volverán a vivir'"» (vv. 1-5, NVI). *Amén*

En el versículo 11 tenemos el tiempo del cumplimiento de esta profecía: «Luego me dijo: "Hijo de hombre, estos huesos son el pueblo de Israel. Ellos andan diciendo: Nuestros huesos se han secado. Ya no tenemos esperanza. ¡Estamos perdidos!"». El tiempo de esta lamentación, y el reconocimiento de los judíos de su triste y desesperada condición, comenzó a partir de 1871, cuando una gran ola de pogromos acabó con decenas de miles de ellos en cientos de ciudades de Rusia. Estas masacres rutineras continuaron hasta 1921.

El orden de los eventos

«Profeticé, pues, como me fue mandado; y hubo un ruido mientras yo profetizaba» (v. 7). Las noticias sobre la organización de un movimiento capaz de traer de regreso a los judíos, llevados a todas las comunidades israelíes del mundo, a su antigua patria sonaba como una luz de esperanza.

Ezequiel continúa: «Y hubo un ruido mientras yo profetizaba, y he aquí un temblor; y los huesos se juntaron cada hueso con su hueso». Aquí el movimiento (el temblor) de los huesos, significa, la preparación y la gran dificultad de los primeros colonos israelitas al hacer el viaje de regreso a la Tierra Santa. La reunión de los «huesos» se ha llevado a cabo de la siguiente manera: en el año 1917 había 25.000 judíos en Palestina. Este número aumentó a 83.000 en 1922 y a 300.000 en 1935. En el año anterior, Hitler se había fortalecido en Alemania y no ocultaba su antisemitismo. En 1937, la población israelí de Palestina ya era de 430.000. Dos años después Gran Bretaña prohibió la entrada de los judíos en la Tierra Santa, dejándoles así a merced de los nazis. En 1945 había 500.000, y tres años más tarde, cuando Israel declaró su independencia, el número llegó a 800.000. En 1956 ya era un millón y 900.000 (cuando sucedió la segunda guerra árabe-israelí). En 1967, dos millones ochocientos mil. En 1973, tres millones trescientos mil, y en 1983 más de cuatro millones, en 1998, seis millones, y a finales de 2009, ocho millones.

> «Y miré, y he aquí tendones sobre ellos, y la carne subió, y la piel cubrió por encima de ellos; pero no había en ellos espíritu» (v. 8)

Los «tendones» (o nervios) indican las alianzas políticas, militares, el renacimiento del hebreo y la recuperación económica, en particular mediante los «Kibutz». Esta palabra, kibutz, viene de la misma raíz que el verbo hebreo congregar, usado por Jeremías en el versículo 10 del capítulo 31 de su libro.

La «carne», indica las estructuras políticas que dieron forma a la nación en 1948, al igual que el yeso da forma a la pared.

La «piel» indica la protección y el acabado. En 1948, Israel carecía de un ejército organizado. Hoy en día, las fuerzas armadas israelíes se encuentran entre las mejores entrenadas y equipadas en el mundo. Basta decir que en el bombardeo de 1967 había 40 soldados árabes para cada soldado israelí y aun así Israel ganó, Es evidente que las palabras divinas de Amós 9:15 se cumplieron: «Pues los plantaré sobre su tierra, [...] su tierra que yo les di, ha dicho Jehová Dios tuyo».

A pesar de que todos estos huesos estén unidos por los tendones, por la carne y por la piel, sin embargo, carecen de vida espiritual, como la prometida en el versículo 14: «Y pondré mi Espíritu en vosotros, y viviréis, y os haré reposar sobre vuestra tierra; y sabréis que yo Jehová hablé, y lo hice, dice Jehová».

Observe que la palabra «espíritu» aquí, en mayúscula, se refiere al Espíritu Santo como en Joel 2:28-29 y Hechos 2:17-18. El pueblo de Israel solo será lleno del Espíritu Santo cuando se convierta a Jesús en el final, en el «día de venganza de nuestro Dios» (Isaías 61:2), es decir, la «Gran Tribulación», en el «tiempo de angustia para Jacob», etc., que culminará en la batalla de Armagedón, que ocurrirá al final del reinado del Anticristo. (Vea estos pasajes: Jeremías 30:7, Juan 3:36, Apocalipsis 3:10, 7:14, 11:18).

El profeta Oseas apunta el tiempo glorioso cuando todo Israel será salvo: «Venid y volvamos a Jehová; porque él arrebató, y nos curará; hirió, y nos vendará. Nos dará vida después de dos días; en el tercer día nos resucitará, y viviremos delante de él» (6:1-2). Los dos días que corresponden a los dos períodos mencionados en Isaías 61:2, «el año agradable del Señor» (o «el día que el Señor ha hecho» de Salmos 118:24), y «el día de venganza de nuestro Dios», es decir, el próximo período de tribulación. Israel solo será levantado en el tercer día, en el Milenio, y entonces vivirán delante del Señor.

Tenga en cuenta que, con respecto a Israel cada «día» está marcado por dos eventos: uno al principio y otro al final. Así que el primer día comenzó con el desmembramiento de la nación, en el nacimiento de la iglesia, y terminará con la sanidad del desmembramiento que está teniendo lugar hoy, y que también señala el tiempo del rapto de la iglesia.

El segundo día, el día de la ira que comienza con la herida de Israel, en el inicio del período de tribulación, y termina con la curación de la herida en el final de la gran tribulación, cuando Jesús vendrá a socorrer y rescatar al remanente de Israel, que se convertirá. Así que la nación resucitará espiritualmente en el tercer día, en el Milenio, y vivirá delante del Señor.

La Declaración Balfour

El regreso de los judíos a su tierra comenzó precariamente en el siglo XIX como consecuencia de los «pogromos» contra este pueblo, libremente practicados en los guetos de cientos de ciudades de Europa y especialmente en Rusia. Cada grupo de inmigración era conocido como «aliyah», una palabra que significa «ascenso», tomado de la expresión bíblica «subiendo para Jerusalén».

Uno de los hechos más destacados dentro del sionismo fue el Congreso Mundial Sionista celebrado en 1897 en la ciudad suiza de Basilea. Judíos procedentes de todo el mundo decidieron entrar en una lucha aparentemente gloriosa para instalarse de nuevo en su antiguo Canaán, ahora conocida como Palestina.

El 30 de agosto de 1897, Herzl resumió el Congreso con una nota en su diario: «Si se resume el Congreso de Basilea en una simple oración, que voy a tener cuidado de no pronunciar en público, esta sería la siguiente: en Basilea fundé el Estado judío. Afirmar esto hoy es exponerse al ridículo. Pero dentro de cinco años, o cincuenta años a partir de ahora con seguridad, el Estado judío surgirá».

Exactamente 50 años después, el 30 de agosto de 1947, la Comisión Especial de las Naciones Unidas recomendó la creación del Estado judío en Palestina. Herzl, había dicho en el Congreso, que este Estado nacería, bajo la recomendación de las «naciones civilizadas en reunión mundial». Su profecía tuvo fiel cumplimiento.

Al final de la Primera Guerra Mundial, el imperio turco pierde Palestina ante Inglaterra. El general Frederick Allemby, ayudado por una brigada judía y por Lawrence de Arabia pone fin a la dominación otomana. Inglaterra, el 2 de noviembre de 1917, se inclina a favor del sionismo mediante la declaración del Ministro de Relaciones Exteriores del Gobierno británico, Lord Arthur James Balfour. Esta declaración fue presentada al Consejo de Ministros de ese país, y este la aprobó.

Este famoso documento, responsable por la agitación política para muchos en todo el mundo y especialmente para el Oriente Medio, fue enviado a Lord Rothschild. La declaración decía:

> Es con enorme placer que les informo, en nombre del Gobierno de Su Majestad, la siguiente declaración de simpatía a las aspiraciones judías sionistas que fueron sometidas al Gabinete, la misma que ha sido aprobada por él.
> El Gobierno de Su Majestad contempla con beneplácito el establecimiento de un hogar nacional para el pueblo judío en Palestina, y empleará todos sus esfuerzos para

facilitar el logro de este objetivo, quedando claramente entendido que nada se hará que pueda perjudicar los derechos civiles y religiosos de las actuales comunidades no judías en Palestina, o los derechos y el 'status' políticos que disfrutan los judíos en cualquier otro país.
Le agradecería si usted llevase esta declaración al conocimiento de la Federación Sionista.
Sinceramente,
Arthur Balfour (14)

Animado por esta promesa, el movimiento migratorio incrementó considerablemente, en cumplimiento de la profecía bíblica:

> «Y traeré del cautiverio a mi pueblo Israel, y edificarán ellos las ciudades asoladas, y las habitarán; plantarán viñas, y beberán el vino de ellas, y harán huertos, y comerán el fruto de ellos. Pues los plantaré sobre su tierra, y nunca más serán arrancados de su tierra que yo les di, ha dicho Jehová Dios tuyo.
> Y yo os tomaré de entre las naciones, y os recogeré de todas las tierras, y os traeré a vuestro país. Y dirán: Esta tierra que era asolada ha venido a ser como el huerto del Edén; y estas ciudades que eran desiertas y asoladas, y arruinadas, están fortificadas y habitadas» (Amós 9:14-15, Ezequiel 36:24, 35).

El castigo y el jubileo

Deseo echar mano de los cálculos realizados por Alex Wachtel, misionero nazareno en Jerusalén, que examinó el largo exilio de los judíos a la luz del año bíblico del jubileo. De acuerdo con el mandato divino, el israelita que había perdido su propiedad y que había sido hecho esclavo, después de 49 años, en el jubileo, recibiría de nuevo la libertad y la restitución de sus tierras.

Desde el año 70 hasta el año reciente de 1948, cuando Israel se convirtió de nuevo en un Estado independiente, hubo un intervalo de 1878 años. Israel tomó posesión de toda la tierra en el año 1957 y tan solo en 1981 el país contaría con una población judía en número suficiente para sentirse seguro contra los vecinos hostiles. El período de tiempo entre los años 70 y 1981 es de 1911 años, comenzando con la destrucción y dispersión, y terminando con el retorno y la seguridad.

Como somos un pueblo que nos guiamos por la Biblia, un precedente bíblico sería de gran ayuda. Dentro de la cautividad babilónica de 70 años, un período de exilio más pronunciado, que va desde la destrucción de Jerusalén por Nabucodonosor en el año 587 antes de Cristo, hasta el regreso del primer grupo de judíos en el año 538 a. C. Este período es de 49 años, que fue también el tiempo dedicado a la restauración de Jerusalén (Daniel 9:25). Si se divide 1911 por el número 49, el resultado será el número 39.

Curiosamente, 40 era el número máximo de azotes que un hombre culpable podría recibir (Deuteronomio 25:3). En los tiempos de Jesús, sin embargo, esta cifra se había reducido a 39 con el fin de evitar que las autoridades, por un error de cálculo, quebrantasen la ley.

Si tomamos en cuenta que el exilio de los judíos en la Biblia siempre es considerado como un castigo, entonces para cada año en que los judíos sufrieron en Babilonia, habrían de sufrir, después de la destrucción de Jerusalén por los romanos, un castigo de 39 años. Este largo exilio lleno de sufrimiento revela cuán profunda era la tristeza de Dios por Israel por haber rechazado y matado a Su Hijo.

Wachtel concluye:

«En un período de 1911 años, vemos el número máximo de años de esclavitud y de la segregación de la tierra, multiplicado por el máximo número de golpes que alguien podría recibir en castigo. Oportunamente, las dos enseñanzas se encuentran en el Antiguo Testamento, y por eso hablamos con autoridad tanto para los cristianos como para los judíos». (15)

Hay otros cálculos de interés relacionados al estado moderno de Israel, hecho especialmente por Adam Clarke en el siglo XIX, y se basa en el texto de Daniel 8:8, 14, que establece: «Y el macho cabrío se engrandeció sobremanera; pero estando en su mayor fuerza, aquel gran cuerno fue quebrado, y en su lugar salieron otros cuatro cuernos notables hacia los cuatro vientos del cielo. [...] Y él dijo: Hasta dos mil trescientas tardes y mañanas; luego el santuario será purificado».

El imperio griego, siendo el primero en unir tres continentes, se esparció por todo el sur de Europa, por el oeste de Asia y por el nordeste de África. Pero cuando estaba en su mayor fuerza, cuando Alejandro estaba en el apogeo de su poder, «el gran cuerno fue quebrado», es decir, Alejandro Magno murió repentinamente en el año 323 a. C. a la edad de 33 años.

Entre los versículos 8 y 14 de Daniel 8 es posible ver descrita la persecución que los judíos sufrieron en manos de Antíoco Epífanes en el siglo II antes de Cristo. En la segunda parte del versículo 17, sin embargo, Gabriel le dice a Daniel: «Entiende, hijo de hombre, porque la visión es para el tiempo del fin». Clarke entendió que este pasaje no se refiere solo a Antíoco, sino también a los eventos del «fin del mundo».

El primer cumplimiento de la profecía se produjo después de 1150 días después de que el altar de Dios fue eliminado por Antíoco. Cada par de tardes y de mañanas corresponde a un día en esta interpretación. (Vea la nota en Biblia de Estudio Pentecostal.) Adam Clarke, teniendo en cuenta también que las 2300 tardes y mañanas podrían hacer referencia a 2300 años, según lo sugerido por Ezequiel 4:6, comentó que si datamos los años desde el cumplimiento de la visión del macho cabrío (invasión de Asia por Alejandro) en el 334 antes de Cristo, contando 2300 años a partir de esa fecha nos llevaría al año 1966 d. C., cuando el santuario sería purificado mediante el regreso de los judíos a la ciudad vieja de Jerusalén y en el área del templo.

Teniendo en cuenta que el año 1 a. C. es el año de Roma 753, y el año 1 d. C. es el año de Roma 755, por lo que omitimos así el año cero, o 754 de Roma, que se debe presentar entre el 1 a. C. y 1 d. C. Este año, sumado a 1966, nos daría 1967, año en que de hecho Israel obtuvo su mayor victoria en las guerras contra los árabes, ocupando los lugares más sagrados de Jerusalén.

Israel proclama la independencia

A pesar de todo el sufrimiento experimentado por el pueblo de Israel entre las naciones, muchos judíos no estaban de acuerdo con la creación del Estado de Israel, incluyendo el famoso físico Albert Einstein. En 1938, expresó sus temores ante el crecimiento del nacionalismo judío:

> «Prefiero ver un acuerdo de paz con los árabes sobre la base de la convivencia de paz que la creación de un Estado judío. Fuera de consideraciones prácticas, mi conocimiento de la naturaleza esencial del judaísmo se resiste a la idea

de un Estado judío con fronteras, un ejército y una cierta cantidad de poder temporal, no importa cuán modesto. Tengo miedo de los daños internos que el judaísmo sufrirá, especialmente los del desarrollo de un nacionalismo estrecho dentro del Estado judío. No somos más los judíos de la época de los Macabeos. El retorno a una nación en el sentido político de la palabra sería equivalente a dar la espalda a la espiritualización de nuestra comunidad, la cual debemos al genio de nuestros profetas». (16)

Einstein no podía entender, al igual que muchos otros judíos que tampoco se dieron cuenta y todavía no se dan cuenta, de que el renacimiento de Israel como país, lejos de ser un alejamiento de la espiritualización, era solo un adelanto del pueblo de Israel hacia la espiritualización futura, pues su renacimiento político precede a su renacimiento espiritual.

Este aspecto espiritual del pueblo de Israel no podía estar ausente en la Declaración de la Independencia, leída a la nación el 14 de mayo de 1948, el mismo día en que los británicos abandonaron el país y que las naciones árabes comenzaron la primera guerra oficial no declarada al nuevo Estado. Aquí se forjó su personalidad espiritual, religiosa y nacional. Aquí ha vivido como pueblo libre y soberano. Aquí hay legado al mundo del eterno «Libro de los Libros».

El documento histórico continua diciendo:

«Hacemos un llamado a los habitantes árabes del Estado de Israel, incluso en medio del asalto sangriento que lleva a cabo contra nosotros desde hace unos meses, para mantener la paz y participar en la construcción del Estado sobre la base de plenos derechos civiles y de una representación adecuada en todas sus instituciones provisionales y permanentes. Ofrecemos la paz y la amistad a todos los países vecinos y a sus pueblos, y los invitamos a cooperar con el pueblo judío independiente en su país, sobre la base de la ayuda mutua. El Estado de Israel está dispuesto a colaborar en un esfuerzo común por el progreso conjunto del Oriente Medio.

Hacemos un llamado al pueblo judío de toda la diáspora para congregarse en torno a la población del Estado, y a ayudarlo en sus tareas de inmigración y edificación, y en su gran empresa para la realización de sus aspiraciones milenaristas de la redención de Israel.

Con fe en el Todopoderoso, firmamos de nuestro propio puño y letra esta declaración en la reunión del Consejo Provisional del Estado, en el suelo de la Patria, en la ciudad de Tel-Aviv. Este día, la víspera del día de reposo, es 5 de Iyar de 5708, (14 de mayo de 1948.)

A continuación 38 firmas, encabezadas por el primer presidente, David Ben Gurion». (17)

Operación Alfombra Mágica

Una de las operaciones de inmigración más extraordinaria en los tiempos modernos tuvo lugar en 1948 y se le llamó Alfombra Mágica, donde decenas de miles de judíos fueron trasladados para Israel, todos ellos procedentes de Yemen, un pequeño país situado en el extremo sur de Arabia, en las orillas del mar Rojo.

La historia de este pueblo es fascinante. Se cree que muchos de ellos han emigrado al Yemen en los tiempos del rey Salomón, y fuentes confiables confirman la continuidad de ellos en este país desde los primeros siglos del cristianismo.

Durante todo este tiempo, nunca vieron un coche, un tren, un avión, ni conocían la luz eléctrica o cualquier invento moderno. Su cultura entera consistía en saber de memoria el Antiguo Testamento. También habían copiado la Biblia a mano, desde el Génesis hasta Malaquías, de la misma manera como hacían los escribas de la época de Jesús. Cuando se cometía cualquier error, por pequeño que fuera, todo el manuscrito era inutilizado, y se reanudaba la tarea. La copia tenía que ser absolutamente perfecta.

Mientras vivían en Yemen, los israelíes sufrieron todo tipo de opresión. Debido a que estaban sujetos a los cambios políticos locales, en algunas ocasiones la situación de estos judíos fue igual a la de los esclavos. En 1846, por ejemplo, se vieron obligados a limpiar las alcantarillas de la ciudad de Sana, mientras que en 1921 un decreto determinaba la conversión de los huérfanos judíos al Islam. Como si esto no fuera suficiente, no podían usar ropas finas, ni podían usar calcetines; no les permitían poseer armas y quedó prohibido el estudio de la Torá fuera de la sinagoga. Era un milagro que pudiesen ganarse la vida como orfebres, tejedores, herreros, carpinteros y vendedores ambulantes.

En estas condiciones de pobreza generalizada y en las reiteradas humillaciones, no es de extrañar que los movimientos mesiánicos floreciesen, aunque siendo duramente reprimidos por los gobernantes de la época. Sin embargo, los falsos mesías entusiasmaron a la población hasta el siglo pasado.

Los primeros inmigrantes que llegaron de Yemen a Israel parecían seres de otro mundo. En ningún lugar en todo el exilio del pueblo judío, las viejas tradiciones fueron conservadas y observadas con tanta fidelidad como entre ellos. Desde que los primeros núcleos se establecieron en Yemen en la época del Segundo Templo, allí vivieron prácticamente aislados de cualquier influencia cultural externa. Estrechados entre los conquistadores otomanos y por la población árabe del Yemen, fueron excluidos por leyes discriminatorias de la sociedad musulmana dominante.

«Pero, aunque perseguido por el mundo exterior, este pueblo se mantuvo dentro de sus comunidades con una pureza extraordinaria guardando todas las enseñanzas y costumbres transmitidas de padres a hijos, desde los días en que el Sinedrio tenía su sede en Jerusalén». (18)

Al tomar conciencia de la creación de Israel en 1948, los líderes yemeníes organizaron un gran éxodo de Arabia a Palestina.

«El primer ministro de Israel, David Ben-Gurión, pidió ayuda al Gobierno de EE.UU., que envió aviones para el puerto de Adén, desde donde, controlado por los británicos, condujo a los judíos yemenitas a su antigua patria. La única forma posible de llegar al puerto de Adén era caminando, y así lo hicieron. Algunos de ellos caminaron 1500 kilómetros a través de desiertos y montañas. En ocasiones caminaron bajo las abrasadoras temperaturas, y en otras, en temperaturas gélidas muy por debajo de cero.

El gobierno israelí envió personal y equipo para filmar este gran éxodo. Se podía oír los niños llorando por el agua, algunos tropezando, otros cayendo, pero también se podía oír a los rabinos que, en tono extraño y vibrante, decían: "¡Dad un paso más, hijitos! Estamos en camino a nuestra patria para encontrar al Mesías". Difícilmente, podían poner un pie delante del otro, pero aunque tropezando, proseguían». (19)

Cuando llegaron a Adén y vieron aquellas enormes «aves», enviados por el gobierno israelí para transportarlos a su antigua tierra, los judíos yemenitas se negaron a entrar. Así que sus rabinos tuvieron que leer la profecía de Isaías sobre el futuro regreso del pueblo de Israel en el capítulo 60, versículo 8, que dice: «¿Quiénes son éstos que vuelan como nubes, y como palomas a sus ventanas?»

Después de explicar que Dios los mandaría a buscar para llevarlos a casa en alas de águilas, los judíos yemenitas subieron resueltamente en las aeronaves sin ningún temor. En 450 vuelos, la operación Alfombra Mágica transportó unos 70.000 israelíes, y muchos de ellos, al llegar a Israel, besaban el suelo y preguntaban: «¿Dónde está el Mesías?»

El desierto florece

Fue en las circunstancias más adversas que muchas comunidades judías se establecieron en la Tierra Santa, sobre todo desde el final de la Primera Guerra Mundial, concretando, de una manera muy difícil, el sueño de Theodor Herzl, uno de los más destacados padres de la moderna Nación de Israel. A través de los congresos sionistas internacionales, los israelitas discutieron y sentaron las bases de su futura patria, aunque Gran Bretaña adoptó una política egoísta y oportunista, cerrando los ojos a sus compromisos asumidos en 1917, abandonando las poblaciones judías de Palestina, totalmente a su suerte.

Además de las dificultades de orden político, los inmigrantes judíos, huyendo de las masacres rutinarias en Europa, tuvieron que superar enormes obstáculos en Palestina. Subyugada por siglos por los pueblos extranjeros, la Tierra Santa fue convirtiéndose poco a poco en un desierto enorme, hasta el punto de dejar desconcertados a los viajeros que la visitaban. Los turcos impusieron un impuesto sobre cada árbol que había, y los beduinos, que odiaban cualquier tipo de impuesto, los cortaron uno a uno. En la medida que la vegetación desaparecía, las lluvias escaseaban y la desolación progresaba, incluso en lugares donde antes había sido arbolado y donde antes erguían ciudades florecientes. Fue el cumplimiento de la Palabra de Dios en Levítico 26:33: «…y vuestra tierra estará asolada, y desiertas vuestras ciudades».

Fue exactamente en este estado de tierra asolada y de ciudades desiertas que los primeros judíos encontraron Palestina. Sin embargo, trabajando día y noche en las condiciones más difíciles, los nuevos colonos plantaron más de ciento noventa millones de árboles desde 1901 hasta 1998, y drenaron extensos pantanos a través de un audaz programa de recuperación del suelo, en que parte del río Jordán fue desviado, y el desierto empezó a florecer.

El crecimiento de los desiertos en el mundo en los últimos años es un tema tan preocupante, que la ONU creó la palabra «desertificación» especialmente para este fenómeno, y está organizando conferencias en diversas partes del mundo, especialmente en África, donde el problema es más grave y requiere una acción urgente. En medio de la preocupación internacional, Israel demuestra que no todo está perdido en la lucha contra el fantasma de la desertificación. Desde que llegaron los primeros colonos israelíes a los desiertos de Palestina, nada ha sido más importante para ellos que transformar los desiertos en bosques, huertos y jardines. Las flores y frutos son abundantes en el Néguev y en el resto del país, hasta el punto que estos productos se tornaron importantes artículos de exportación y fuente de divisas.

En 2007, nuestra guía turística en Israel nos informó que su país exporta el ochenta por ciento de su producción agrícola. Mas ¿por qué la prensa en general enfatiza tanto las terribles consecuencias de la expansión de los desiertos en el mundo, y presta poca atención al milagro de la agricultura en el desierto de Israel?

La respuesta es que las buenas noticias no venden tan bien como las malas, ni la ciencia es más interesante que la política, sobre todo cuando se trata de la política del Medio Oriente y de la tendencia antisionista en los medios de comunicación.

Según el profesor Arie S. Issar, director del Instituto de Investigación del Desierto (IDR, por sus siglas en inglés), una de las tragedias básicas del desierto hoy día es que el tema es sociopolítico. «Nadie sabe mejor sobre esto que los israelíes, a 20 años, la prensa prefiere centrarse en las sutilezas políticas». Mientras que los árboles de pistacho crecen en el Néguev regados con tan solamente dos vasos de agua al año, y los kibutz usan agua cuya salinidad límite es cuatro veces más de lo que es el agua en África, el problema es más grave y requiere una acción urgente.

El IDR, uno de los campus de la Universidad Ben-Gurión del Néguev, se encuentra en Nahal Zin, cerca del kibutz Sde Boker, y ocupa grandes edificios modernos. Pero mucho más importante que la arquitectura hermosa son los proyectos de investigación desarrollados en el instituto. «Los científicos no viven en una torre de marfil, ni tampoco quieren —dijo Issar. Y añade—: El Instituto tiene tras de sí una filosofía definida. No se puede reconstruir el desierto por control remoto. No se puede vivir lejos del desierto si hay interés en trabajar con él. ¡Tienes que ser parte de él, debes vivir en él!»

Muchos de los investigadores del instituto se trasladaron del norte y del centro del país hasta Beerseba, y todos ellos saben lo que hay que hacer: transformar el desierto en tierras aptas para la agricultura, la industria, la vivienda y el entretenimiento. Dicen los investigadores del IDR que hay tres maneras de abordar el desierto. La primera, generalmente adoptada por los Estados Unidos, es la tendencia de imponer el hombre al desierto. La segunda forma es la del beduino, que vive de los restos vivos del desierto. La tercera forma es la de los israelíes que se convierten en parte del desierto, haciendo hincapié en el equilibrio ecológico y teniendo cuidado de no molestarlo.

Otra observación interesante que se puede hacer en relación a los desiertos de Palestina es que, al menos en esa parte del mundo, la desertificación no se puede atribuir al clima, ya que no ha sufrido ningún cambio climático ecológicamente significativo en los últimos diez mil años. Por no haber ninguna otra explicación razonable para el problema, nos resta creer en la profecía de Moisés en Levítico 26:33, que dice:

> «Y a vosotros os esparciré entre las naciones, y desenvainaré espada en pos de vosotros; y vuestra tierra estará asolada, y desiertas vuestras ciudades».

Debido a la gran necesidad de conservar agua, Israel inventó y adoptó un sistema de riego en forma de aerosol o goteo, lo que le permite ser el pionero en el uso del agua salobre. El agua es depositada directamente en las raíces de las plantas, lo que limita el grado de salinidad del suelo.

En el desierto de Néguev hay grandes depósitos naturales de agua salobre que están entre 50 y 100 metros de profundidad, y que se renuevan a través de las nubes. Por lo tanto, muchas estancias usan esta agua en el riego, y a veces usan un sofisticado sistema computarizado que controla la cantidad de agua con referencia a variables tales como temperatura, viento y suelo seco.

Este sistema de riego a base de agua salobre ha permitido ricas cosechas de tomate, remolacha, trigo, melones, pepinos y sandías.

La restauración de los desiertos de Israel es el claro cumplimiento de las muchas profecías, como ésta:

«Haré también [...] y las ruinas serán reedificadas. Y la tierra asolada será labrada, en lugar de haber permanecido asolada a ojos de todos los que pasaron. Y dirán: Esta tierra que era asolada ha venido a ser como huerto del Edén; y estas ciudades que eran desiertas y asoladas y arruinadas, están fortificadas y habitadas» (Ezequiel 36:33-35).

Esta última frase profética es repetida hoy por muchos que visitan el país.

En efecto, las antiguas ciudades fueron reconstruidas y habitadas, y el paisaje del triste desierto ha sido reemplazado por el verde alegre de la naturaleza. Hoy en día, las flores cosechadas en el Néguev se congelan y exportan a las grandes ciudades del mundo. Las frutas israelíes llegan a los mejores precios en el mercado internacional.

3

DIOS LUCHA POR ISRAEL

«En aquel día los egipcios serán como mujeres; porque se asombrarán y temerán en la presencia de la mano alta de Jehová de los ejércitos, que él levantará contra ellos. Y la tierra de Judá será de espanto a Egipto» (Isaías 19:16-17a).

AUNQUE LA ONU HA DETERMINADO LA DIVISIÓN DE Palestina en dos estados (Israel y Jordania) los judíos tuvieron que garantizar su derecho de propiedad de la tierra por su propia cuenta. La guerra comenzó en el día de la salida de los británicos, 14 de mayo de 1948, y una vez más el «pequeño» David tuvo que luchar con el gigante «Goliat». Pocos creían que el nuevo estado duraría dos semanas. ¿Cómo podrían setecientos mil judíos, mal armados, defender las ciudades desprotegidas contra más de treinta millones de feroces enemigos equipados con el más moderno equipamiento bélico?

Meyer Levin cuenta que los comandantes árabes ya elegían las mejores casas que iban a ocupar en Tel Aviv después de vencer la guerra. Prometían a las tropas el botín de la guerra: mujeres y productos del saqueo. Nada de esto sucedió. Pronto se hizo evidente que, de hecho, los kibutz (granjas colectivas) estaban muy bien situados, ya que formaban una cadena de fortalezas en las afueras de Israel. Los campamentos se dividieron en la frontera para una acción final. Los niños fueron enviados al interior del país. Los colonos cavaron reductos subterráneos…

> «Una historia clásica de defensa es la de Negba, situada en el camino que lleva a Egipto, en el Néguev. El nuevo kibutz no era nada más que una hilera de chozas en torno de una torre de agua de hormigón armado, en medio del desierto [...] Fue construida una fortaleza subterránea completa con cocina, bunkers y un hospital, administrado por un médico y cuatro enfermeras.
>
> Completamente rodeado por el enemigo, alimentado solo por avionetas *Piper Cubs*, todos los edificios de la superficie estaban arrasados, los defensores de Negba resistieron durante meses y salieron victoriosos.
>
> Seis mil bombas cayeron sobre Negba en un solo día, antes del ataque, en la madrugada del 2 de junio, cuando aparecieron siete tanques egipcios, seguidos de siete vehículos blindados y dos mil hombres. Un par de *Spitfires* tripulados por árabes roncaban por encima de sus cabezas, uno de ellos recibió un disparo de rifles.
>
> Esperando que los tanques llegasen a una distancia de 200 metros, los colonos usaron su única bazuka. El primer disparo puso un tanque fuera de combate. Dos disparos se perdieron. Los otros dos disparos que restaban acertaron un tanque cada uno. Otro tanque explotó al ser atingido

por granadas de mano a solamente cinco metros de distancia de los defensores. Otros dos explotaron en las minas. El último huyó. Luego vino la infantería y la batalla duró cinco horas.

Las pérdidas fueron pesadas, pero Negba aguantó firme. Los colonos salían por la noche arrastrándose para regar sus plantas. Su resistencia supera los límites de la valentía. Así lo explicó la frase de guerra «ein brayra», que significa «no hay elección». Los judíos no tenían para dónde retirarse. (20)

Barril de pólvora

Golpeados vergonzosamente en todos los frentes de batalla por el pequeño, pero heroico, pueblo de Israel, los países árabes se consolaban mutuamente diciendo que habían perdido la batalla pero no la guerra. Esta, realmente, se movió de los campos de Palestina hacia las tribunas de las organizaciones internacionales, de las cuales la nueva nación judía fue blanco de las mayores intrigas y amenazas por parte de sus enemigos heridos y humillados.

Creyendo en la amenaza feroz de sus hermanos de sangre, muchos árabes que vivían en Israel al comienzo del conflicto en 1948, abandonaron el país para que los judíos fuesen aniquilados y exterminados. Pero como esto no sucedió, estos desplazados fueron mantenidos en las afueras de Israel para fines de propaganda política.

Confinados en un área designada por las Naciones Unidas, los refugiados fueron alimentados diariamente por una astuta campaña antisemita y también fueron explotados plenamente por los enemigos del Estado judío. Nasser, el coronel egipcio que se rindió en 1948 en el mismo lugar donde Goliat cayó ante David, se apoderó del gobierno de Egipto y trató de unir a su pueblo a través del odio por los judíos como hizo Hitler en Alemania. Instigó a sus hermanos refugiados y creó en esos campos grupos asesinos, llamados *fedaym*', fueron entrenados y enviados al territorio de Israel para matar y destruir.

Mientras se multiplicaban los ataques a la soberanía del nuevo Estado y a la vida de sus ciudadanos, se agravaba la Guerra Fría entre EE.UU. y la URSS. Las potencias mundiales, altamente dependientes de los recursos petrolíferos de Mesopotamia, se involucraban cada vez más en el problema palestino, dando sugerencias sobre soluciones para la paz, mientras buscaban consolidar su influencia en la región a través del vasto suministro de modernos equipamientos militares.

Por lo tanto, la situación en Tierra Santa se había convertido en un barril de pólvora peligroso.

En 1956, todo el odio árabe, alimentado día tras día desde 1948, termina rebozándose. Gamal Abdel Nasser se apodera del canal de Suez y amenaza Israel. Ya por varias veces él había gritado diciendo que iba a vengar su derrota, empujando a los judíos hacia la mar. Pero el primer ministro Ben Gurión decidió atacar primero en una rápida y fulminante campaña. Los israelíes, al mando de Moshe Dayan, limpiaron el Sinaí, localizando y destruyendo las bases enemigas, donde encontraron grandes depósitos de armas rusas.

Seis días gloriosos

Las derrotas de 1948 y 1956 no fueron suficientes para que los árabes aceptaran la realidad innegable de la existencia de Israel como una nación y su determinación de mantener la independencia del país, incluso a costo de enormes sacrificios.

Dios lucha por Israel

Armado por las superpotencias y alentados por sus gobiernos belicosos, los árabes, encabezados por el dictador egipcio Nasser, planificaron e intentaron, en junio de 1967, la destrucción del Estado judío. Fueron seis días de miedo y aprensión en todo el mundo, de terrible sorpresa y humillación para los invasores, y de grande e inolvidable gloria para la joven nación de Israel.

El 26 de mayo de 1967, Nasser sorprendió al mundo con una amenaza arrogante: «Nuestro objetivo fundamental es destruir a Israel». Hablaba como comandante supremo de las numerosas y bien armadas fuerzas árabes. Pero sus intenciones ambiciosas, perfectamente viables desde el punto de vista de la lógica humana, no se lograron. Los soldados judíos, constituyendo quizás el ejército más eficiente del mundo, combatieron heroicamente a los enemigos, destruyendo por completo un equipo militar muy moderno, y expandieron casi cuatro veces más el territorio de su país.

Las pérdidas sufridas por los árabes en vidas humanas y armamentos caros, fueron realmente impresionantes. En la guerra de los Seis Días, murieron diez mil egipcios, quince mil jordanos y millares de sirios, iraquíes y soldados de otros países. Solo Egipto perdió cuatrocientos aviones, seiscientos tanques, miles de piezas de artillería, municiones, armas pequeñas y vehículos, superando el valor de un billón y medio de dólares. Durante toda la guerra solo setecientos soldados judíos perdieron la vida.

> «Como en la mayoría de las guerras, la de 1967 fue el resultado de malas estimaciones hechas por varios de los implicados. Si hubo alguna responsabilidad por las enormes pérdidas sufridas por los árabes, esta se debe completamente a los soviéticos. Fueron los soviéticos quienes incitaron a los árabes a estos movimientos peligrosos». (21)

Como resultado de toda esta confrontación militar, el 8 de junio Jerusalén volvió por completo al dominio de los israelíes. La reunificación puso fin a una serie de restricciones impuestas por las autoridades jordanas a los cristianos, tales como:

1. Prohibir la adquisición de terrenos en la ciudad o sus alrededores;

2. Obligar a los miembros de la Hermandad del Santo Sepulcro a convertirse en ciudadanos jordanos, siendo ellos griegos desde el siglo VI;

3. Exigir de los cristianos la observancia de los días de descanso semanal de los musulmanes;

4. Abolir recortes de impuestos a los que tenían derecho las instituciones cristianas.

Bajo el gobierno israelí, Jerusalén se convirtió en una ciudad abierta, donde hay libertad de culto para todas las religiones, y donde el progreso está presente en todas las áreas del lugar. Cada año, un número cada vez mayor de turistas visitan la ciudad. Su población permanente, que era de ciento sesenta y cinco mil en 1948 y de solo doscientos sesenta y un mil en 1967, se elevó a casi quinientos mil en 1999, teniendo en cuenta toda el área de la Gran Jerusalén.

El compromiso del Gobierno de proteger los lugares santos de Jerusalén puede ser percibido en una ley aprobada el 27 de junio de 1967, donde se determina que los lugares santos estarían protegidos contra la profanación de cualquier violación, así como contra cualquier intento de obstaculizar a los miembros de las diferentes religiones la libertad de acceso a los lugares que son sagrados para ellos, o por los cuales sienten veneración. La profanación de los lugares santos sería punible con hasta siete años de prisión.

Tanto antes como durante la Guerra de los Seis Días, la Unión Soviética se esforzó enérgicamente por la victoria árabe. Proporcionó armas y municiones en abundancia a los enemigos de Israel y les orientó en su uso y, finalmente, los empujó a la catástrofe.

Sin embargo, la Unión Soviética no esperaba el colapso de sus aliados y protegidos, y vergonzosamente tuvo que soportar esta dura realidad. Además del sufrimiento moral y psicológico, también sufrió los efectos de la guerra.

«Prohibido para los judíos»

Debido a la masiva campaña librada por los aliados de los países árabes después de la derrota árabe de 1967, con el fin de obligar a los judíos a una retirada en sus fronteras de seguridad, el periodista norteamericano Eric Hoffr publicó el siguiente artículo en *Los Angeles Times*:

«Los judíos son un pueblo peculiar: cosas permitidas a otras naciones se les prohíben. Otras naciones expulsan miles de personas y no se habla del problema de los refugiados. Rusia lo hizo, Polonia y Checoslovaquia también, Turquía expulsó un millón de franceses, Indonesia expulsó no se sabe exactamente cuántos chinos. Y nadie dijo una palabra acerca de los refugiados.

Pero en el caso de Israel, los árabes desplazados se han convertido en refugiados eternos. Todo el mundo insiste en que Israel debe hacer volver a cada árabe. Arnold

Toynbee considera el desplazamiento de los árabes una atrocidad mayor que aquellas que fueron cometidas por los nazis. Otras naciones, cuando victoriosas en el campo de batalla, dictan las condiciones de paz. Pero cuando Israel vence, debe clamar por la paz. Todo el mundo espera que los judíos sean los únicos cristianos verdaderos en este mundo. Otras naciones, cuando derrotadas, sobreviven y se recuperan. Pero si Israel hubiera sido derrotada, habría sido destruida. Si Nasser hubiera ganado en junio del año pasado (1967), habría borrado del mapa a Israel y nadie habría movido un dedo para salvar a los judíos. Ningún compromiso de los judíos con cualquier gobierno, incluidos los EE.UU., valió el papel en que fue escrito. Hay un clamor general en todo el mundo contra el ultraje cuando personas pierden la vida en Vietnam, o cuando dos negros son ejecutados en Rhodesia. Pero cuando Hitler sacrificó a los judíos, nadie protestó. Los suecos, que están dispuestos a romper relaciones con Estados Unidos por lo que se hizo en Vietnam, no se movieron cuando Hitler asesinó a los judíos. Enviaron mineral de hierro de la mejor calidad, cojinetes, y alimentaron los trenes de tropas que se dirigían hacia el noroeste. Los judíos están solos en el mundo. Si Israel sobrevive será únicamente debido a los esfuerzos judíos, de los recursos judíos y...» (22)

Por su elocuencia, la opinión de Eric Hoffer es incuestionable, y expresa una realidad que ya no puede ser negada. ¡Israel debe vivir! Pero sobre el aislamiento de Israel, escribió un periodista judío:

Dios lucha por Israel

«En el corto período de nuestra historia nacional, nos hemos acostumbrado a la idea de que somos más o menos aislados dentro de la familia de las naciones. Tan pronto se levantó el telón, los británicos nos traicionaron, en nombre de la tradición; entonces vinieron los rusos, que pasaron para el otro lado del pasillo, los franceses hicieron un embargo sobre nuestras espaldas al sentirse deslumbrados con el vientito del petróleo crudo, y los alemanes se enfriaron considerablemente cuando comprendieron las ventajas inherentes a la derrota militar. ¿Quién más? U. Thant nos odió hasta la médula de nuestros huesos desde el principio, debido a nuestra pequeña dimensión, y en cuanto a nuestros amigos americanos, les enfría su ardor así que las elecciones presidenciales se cierran… Y ahora solo nos quedan los judíos del mundo». (23)

Algunos historiadores creen que fue debido a las decepciones sufridas por los judíos con los gobiernos del mundo que Israel no ha adoptado ninguna de las lenguas modernas en su país restaurado y prefiere resucitar su antiguo hebreo, prácticamente muerto durante dieciocho siglos.

Asombro y milagro

Las victorias espectaculares de los judíos han sido motivos de asombro para el mundo. ¿Cómo puede un país pequeño, habitado por menos de tres millones de personas, llevar a quiebra a no menos de catorce países aliados, con una población de más de cien millones de habitantes?

No hay respuesta fuera de la Santa Biblia que pueda satisfacer plenamente la razón humana. La Palabra de Dios expresa con una claridad meridiana los últimos éxitos de Israel en el Oriente Medio:

> «Pues los plantaré sobre su tierra, y nunca más serán arrancados de su tierra que yo les di, ha dicho Jehová el Señor tu Dios (Amós 9:15). En aquel día los egipcios serán como mujeres; porque se asombrarán y temerán en la presencia de la mano alta de Jehová de los ejércitos, que él levantará contra ellos. Y la tierra de Judá será de espanto a Egipto; todo hombre que de ella se acordare temerá por causa del consejo que Jehová de los ejércitos acordó sobre aquél» (Isaías 19:16-17).

En ambos textos la palabra de Dios dice que los judíos serían plantados en su tierra, de donde no serían más desarraigados, y que los egipcios serían como mujeres ante Israel. ¡Estas palabras se han cumplido estrictamente! El miedo de los soldados egipcios delante del ejército israelí ha sido tan grande que, a menudo, los judíos no encontraban la más mínima resistencia.

Antes de la Guerra de los Seis Días en 1967, el optimismo de los árabes era evidente y se manifestaba en los discursos de sus líderes. Nasser, hablando el 29 de mayo de ese año, con tan solo una semana antes del inicio del conflicto, dijo solemnemente:

> «El pueblo árabe que lucha. Estuvimos esperando el día propicio en que estuviésemos completamente preparados. Ahora nos sentimos lo suficientemente fuertes, y si entramos en batalla contra Israel, Dios nos ayudará y habremos de triunfar. Con esta confianza decidimos tomar las medidas hoy». (24)

Hemos llegado a un momento crucial de la guerra, se jactaba la radio en El Cairo. La radio Amman advirtió a los israelíes:

«Es mejor que corran ahora, mientras aún no llegamos. Ustedes saben cómo los árabes ejecutan su venganza. Todos ustedes morirán, así que lo mejor es dejar el país ahora, mientras todavía hay tiempo». (25)

Nada de esto ocurrió. Aluf Shlomo Goren, capellán jefe del ejército israelí, escribió una oración para que los soldados judíos recitasen antes de los combates, con base en los siguientes pasajes bíblicos:

«*Escucha, oh Israel, hoy acérquense a la batalla contra sus enemigos; no ablanden el corazón, no teman ni tiemblen ante ellos, porque Jehová tu Dios va con vosotros, para pelear contra los que pelean contra mí. Echa mano al escudo y al pavés, Y levántate con mi ayuda. Porque he aquí, tus enemigos rugen, y los que te odian han alzado sus cabezas. Consejo forma Slick contra tu pueblo, y conspiran contra su protegido.*»

Los judíos fueron victoriosos y muchos regresaron del campo de batalla creyentes, presentando informes de los milagros que habían visto con sus propios ojos. Un periódico cristiano de Jerusalén publicó algunos de estos milagros, y señaló tan extraño e inexplicable, como cientos de tanques y cañones enemigos ni siquiera entraron en acción; muchos de los aviones de combate egipcios no estaban preparados, a pesar de las advertencias totales; el radar no funcionaba correctamente y a veces la alarma de los ataques aéreos se escuchaba solo cuando las fortalezas volantes de Israel ya habían alcanzado sus objetivos y regresaban ilesos a sus bases. Muchos soldados informaron que, en situaciones difíciles, cuando ya no había ninguna posibilidad de sobrevivir, "un hombre vestido de blanco apareció durante unos segundos entre las filas y los egipcios, llenos de repentino asombro, huyeron en desorden".

Algunos paracaidistas que iban en misión de desalojar al enemigo desde una posición estratégica, llegaron al sitio como turistas, porque los egipcios habían huido sin disparar un solo tiro.

En Sharm el-Sheik, dos paracaidistas israelíes encontraron un tanque enorme donde sobresalían las cabezas de dos soldados egipcios.

—¿Por qué no nos matan? —pensé—. ¿O se trata de una emboscada? Pero ¿por qué hacer una emboscada si nos pueden ver perfectamente? Mi compañero y yo nos movimos lentamente, con cuidado, hacia el tanque, pero los dos soldados que tripulaban no se movieron. Parecía difícil de creer. ¿Qué habría pasado?

Contamos dieciocho soldados egipcios dentro de aquel tanque, y todos estaban vivos y sanos; ellos levantaron los brazos en señal de rendición. El tanque estaba lleno de armas, las armas cargadas y listas para sembrar muerte y destrucción. Preguntamos por qué los soldados no dispararon. —No podemos explicar —nos respondieron—. Cuando vimos los soldados israelíes, nuestras manos se paralizaron, no podíamos mover los dedos y un terrible temor se apoderó de nosotros. ¡Eso es todo!» (26)

El joven judío Abraham Eliezer, cristiano evangélico, que sirvió en la guerra de 1967, declara:

«Antes de la Guerra de los Seis Días un anciano caminaba por las calles de Jerusalén prediciendo exactamente lo que iba acontecer en el día del conflicto. Declaró que el Dios de Israel estaba vivo y se comprometía a estar con los suyos durante la batalla. La profecía se cumplió literalmente. Dios peleara por Israel en la Guerra de los Seis Días, porque de lo contrario, nunca podríamos ganar, tal era la desproporción de los ejércitos en la escena.

Después de la guerra, algunos de mis compañeros me dijeron que nuestras fuerzas habían avanzado tan rápidamente, en un área determinada, que tomaron un campo de aviación egipcio en la península del Sinaí cuando los aliados árabes consiguiesen llamar por teléfono al campo ofreciendo aviones de combate argelinos. Nuestro oficial contestó en egipcio, permitiendo el aterrizaje de los aviones. Todos ellos fueron capturados inmediatamente.

Lo que es más interesante —continua diciendo Abraham Eliezer— ocurrió en la campaña del Sinaí con los militares egipcios que fueron hechos prisioneros de guerra. Le preguntamos a un veterano egipcio por qué se dieron por vencidos tan fácilmente. Me contestó que él y sus compañeros habían visto ángeles junto a Israel. Verdaderamente Dios intervino en defensa de la minúscula nación israelí».

En cuanto a las numerosas apariciones de objetos voladores no identificados (ovnis), durante las batallas entre los judíos y árabes en Palestina, es muy interesante la información de Robert Barry, jefe de la división de publicidad y director de la oficina sobre ovnis, en un programa radiofónico en Yoe, Pennsylvania (EE.UU.), bajo el título: «La invencibilidad de Israel y los Ovnis: Dios y sus Ovnis, dirigidos por pilotos ángeles, han ayudado a Israel en la victoria sobre los árabes en las cuatro guerras de 1947, 1956, 1967 y 1973».

De hecho, la prensa informó que durante las guerras árabe-israelíes, muchos de estos extraños objetos fueron vistos en el aire, provocando pánico entre las tropas árabes. Barry dice que mil soldados egipcios se rindieron a sus cien soldados oponentes porque se vieron rodeados por miles de israelíes y por diez tanques.

Los milagros realmente ocurrieron en el Oriente Medio, debido la presencia del pueblo de Israel allí. Si bien no se acepta la información de que los ovnis existen y que son pilotados por los ángeles, debemos reconocer que hubo, de hecho, la existencia de cosas sorprendentes en favor de los israelíes, facilitando sus victorias en todos los campos de batalla.

El fortalecimiento y la prosperidad de Israel hoy en día es una realidad indiscutible y señala, en el reloj de Dios, la proximidad de la venida de Jesús.

Dios peleaba por Israel

En la guerra de Yom Kipur (Día del Perdón) los hechos no sucedieron de manera diferente. Incluso cuando fueron atacados de sorpresa, los judíos tomaron el control total de la situación, y casi se apoderan de Egipto, si no fuera por la orden de cese del fuego decretada por la ONU a toda prisa ante la insistencia del propio Egipto y sus aliados.

Según los cálculos del Instituto Estratégico Internacional, con sede en Londres, los egipcios y los sirios perdieron en esta guerra un total de veinte y dos mil hombres. Egipto perdió quince mil y cuarenta y cinco mil quedaran heridos; Siria sufrió siete mil muertes y veintiún mil heridos. Israel tuvo 2812 muertos y 7500 heridos.

Dios lucha por Israel

La misma fuente cuenta que los sirios emplearon entre 900 y 1200 tanques y unos cuarenta y cinco mil hombres contra un destacamento israelí de solo 4500 hombres y 180 tanques en el Golán. En la línea egipcia, en el frente Barlev había 600 hombres apoyados por una brigada motorizada y aproximadamente unos 240 tanques. Las pérdidas en tanques de los dos grupos fueron: 800 israelíes, 650 egipcios y 600 sirios. Y en los aviones: 106 israelíes, 185 egipcios y 230 sirios.

Otra fuente informó que, en la guerra de Yom Kipur, Egipto envió setecientos mil hombres a la batalla, con la asistencia de 2500 tanques, 650 aviones y 150 baterías de misiles antiaéreos. A pesar de todo este gigantesco aparato militar, fueron golpeados severamente.

Teniendo en cuenta la totalidad del esfuerzo de la guerra árabe más el factor sorpresa, mucha gente dice que solo un milagro pudo salvar a Israel. Y el milagro ocurrió. El sorprendente resultado de esta y otras guerras entre árabes e israelíes no se puede atribuir únicamente a la formación rigurosa de los batallones y la eficacia de las armas de Israel.

Expansión territorial

La instalación de varios asentamientos judíos en los territorios ocupados por Israel en las guerras recientes, ha traído complicaciones internacionales ciertamente ya previstas por el Gobierno de Israel, pues está siendo considerado como una afrenta a los planes de paz en la región y solo puede ser «discutido» después de la retirada del Estado judío del área demarcada en 1948.

Israel defiende la necesidad de fronteras seguras para su país y sus últimos cambios políticos vinieron a reforzar aún más esta posición. Repetidamente traicionados por sus vecinos, abandonados por sus aliados, y más de una vez abandonados a su suerte por las organizaciones internacionales, el país hebreo conoce los riesgos involucrados y por lo tanto actúa de acuerdo a su propia política de seguridad.

Pero hay otro aspecto del problema palestino, casi siempre desconocido e ignorado por las grandes potencias: la escatología bíblica. En realidad, la Biblia no es compulsada por los políticos en busca de una respuesta a los misterios que rodean la semilla de Abraham. ¿Cómo justificar la supervivencia de esta gente perseguida durante tantos siglos y su regreso a la Tierra Santa, si no por la acción de un Dios eterno?

Para tornar en hecho histórico lo que prometió, Dios usa incluso a los enemigos de su pueblo, como ocurrió después de la Segunda Guerra Mundial. La Unión Soviética, la tradicional opresora de tres millones de judíos que se establecieron en su territorio, se movió diplomáticamente a favor de la creación del Estado judío en Palestina, y este estado nació en un solo día, 29 de noviembre de 1947, por resolución de la Asamblea General de la ONU, presidida por Osvaldo Aranha, ministro brasileño de Asuntos Exteriores. En este momento se cumplía la profecía de Isaías 66:8 «¿Concebirá la tierra en un día? ¿Nacerá una nación de una vez?»

Como sabemos, la intención de Rusia en la época era establecer en el Oriente Medio una base de influencia a través de Israel, y no lo logró. Entonces, posteriormente se volvió hacia los árabes, los armó y los empujó en las sucesivas guerras contra los judíos, lo que resultó en la expansión territorial de estos en perjuicio para los árabes. El pueblo judío, amado por Dios y por causa de Sus promesas, nunca más será desarraigado de su tierra.

Pero la colonización israelí de los territorios tomados de los árabes no debe ser vista solo desde el punto de vista de seguridad de la nación judía, que tiene sus raíces en las profecías bíblicas. La tierra que Dios dio al pueblo de Israel nunca fue ocupada por ellos en toda su plenitud. Es incluso más extensa que el área actual bajo el dominio israelí, como relata Deuteronomio 1:7.

¡La Palabra de Dios no falla!

4

GOG Y SUS ALIADOS

«Subirás tú, y vendrás como tempestad; como nublado para cubrir la tierra serás tú y todas tus tropas, y muchos pueblos contigo» (Ezequiel 38:9).

UNA DE LAS GRANDES PARADOJAS DEL SIGLO XX FUE, SIN duda, la actitud de Rusia en participar, como ninguna otra nación, en los intereses del pueblo de Israel. Poco después de la Segunda Guerra Mundial, los delegados de la Unión Soviética, en una actividad febril, convencieron a un número grande de países para votar en favor de la creación del Estado judío en Palestina. Gracias en gran parte al apoyo de Rusia, Israel, nació como nación, el 29 de Noviembre de 1947 por resolución de la ONU, lograda por medio de votación donde 33 votos fueron a favor y 13 en contra. Presidía la Asamblea General el brasileño Osvaldo Aranha.

En la creación del Estado de Israel se ve cumplida la profecía de Isaías que dice: «¿Quién oyó cosa semejante? ¿quién vio tal cosa? ¿Concebirá la tierra en un día? ¿Nacerá una nación de una vez? Pues en cuanto Sion estuvo de parto, dio a luz sus hijos» (Isaías 66:8).

El extraño comportamiento de los comunistas en favor de los judíos no podía pasar desapercibido. Varias conjeturas surgieron y muchas preguntas se hicieron en todo el mundo acerca de la intención de la superpotencia roja.

Las sospechas estaban bien fundadas, ya que los judíos, por su secular tradición religiosa, siempre han sido considerados, dentro y fuera de la «cortina de hierro», enemigos declarados del régimen ateo de Moscú. En estas condiciones fueron objetos del odio comunista y a menudo involucrados en masacres sangrientas.

Fieles a su antigua fe, las comunidades israelitas en la Unión Soviética constituían un impedimento al programa del comunismo en el país, por lo que V. Stepanov, traductor de Marx y uno de los líderes revolucionarios más importantes, determinó las pautas a seguir por el gobierno tan pronto la revolución bolchevique se hiciera cargo de las riendas del poder en Rusia:

> «Tenemos que luchar contra el sacerdote, sea él llamado pastor, abate, rabino, mullah o papa. De cierto punto en adelante, esta batalla deberá convertirse en una lucha contra Dios, sea Él llamado Jehová, Jesús, Buda o Alá». (27)

¿Cuál era la intención de Rusia comunista al favorecer a los judíos? ¿Qué secreto tendría la superpotencia atea, cuyos planes eran nada menos que dominar el mundo?

Según Moshe Sne, uno de los fundadores del Estado sionista de Israel, la política exterior soviética a finales de la última gran guerra, estaba lejos de ser de tolerancia al pueblo judío.

«En ese periodo (1948), en que la Unión Soviética le dio al joven Estado de Israel, rodeado de enemigos, todo su apoyo político y moral, hasta el suministro de armas y el reenvío de aliyá (a través de Checoslovaquia y Polonia), perpetró el asesinato de los escritores judíosoviéticos y cayó el hacha sobre la vida cultural de la comunidad judía en la URSS.

El apoyo a la creación del Estado de Israel y su posterior defensa contra los invasores se armonizaron totalmente con los objetivos políticos de la Unión Soviética, con vistas a la primera apertura de su posición como una gran potencia en el Mediterráneo.

Sin embargo, al mismo tiempo, Stalin, Beria y sus secuaces temían que el apoyo al Estado de Israel podría ser interpretado por los judíos de Rusia como una intensificación de luz verde y cultivo de simpatía o cualquier vínculo con el nuevo estado judío y a los judíos dispersos por el mundo, en un momento en que la guerra fría todavía estaba en su apogeo, lo que significaba que cualquier contacto de un ciudadano soviético con un extranjero lo hacía sospechoso desde el principio como un traidor, espía o agente del enemigo». (28)

La frustrada política rusa

El testimonio no sospechoso de Moshe Sne (por sus actividades procomunistas y el intento de acercamiento con el Kremlin) muestra que el comportamiento de la URSS en ese momento representaba más un intento de ordenar sus propios intereses nacionales, ya que el sueño de la expansión rusa rumbo a Levante, que surgió aun en la época zarista, siempre fue frustrado por las potencias occidentales, especialmente de Gran Bretaña. El interés ruso en Palestina aumentó en el siglo XX con el descubrimiento de enormes yacimientos de petróleo y las facilidades que ofrecía la ruta de navegación del Canal de Suez.

Al final de la Segunda Guerra Mundial llegó entonces la oportunidad esperada por los rusos y se aferraron a ella con el mayor entusiasmo posible. En un mundo envuelto en la pobreza y en el feudalismo, como el del Oriente Medio, Israel despuntaba como una nación moderna y, sobre todo, amiga de la URSS y de su causa porque ya era bien conocida la inclinación socialista de los líderes y fundadores del Estado de Israel. Los kibutz fueron modelos de organizaciones soviéticas y muchos políticos influyentes en Israel expresaban públicamente su tendencia izquierdista. Por otra parte, Gran Bretaña, que siempre había sido el mayor obstáculo a la penetración rusa en el Oriente Medio, estaba siendo detestada por el estado judío debido a su política antisionista en la región. Sin embargo, fracasó la política rusa con Israel, y este fracaso llevó a los rusos a buscar venganza por manos de terceros. Tomando ventaja de un desafortunado error de cálculo de las potencias occidentales, al negar a Egipto la ayuda militar que este solicitaba, los rusos penetraron y expandieron su influencia en la región mediante el suministro de equipamiento militar sofisticado a los enemigos del estado judío. En 1972, cuando miles de asesores y consejeros militares rusos fueron expulsados de Egipto por el presidente Sadat, ellos buscaron transferir los cabecillas a otros países, principalmente de Siria, Irak y Libia.

Gog y sus aliados

«Hijo de hombre, pon tu rostro contra Gog en tierra de Magog, príncipe soberano de Mesec y Tubal, y profetiza contra él, y di: Así ha dicho Jehová el Señor: He aquí, yo estoy contra ti, oh Gog, príncipe soberano de Mesec y Tubal. Y te quebrantaré, y pondré garfios en tus quijadas, y te sacaré a ti y a todo tu ejército, caballos y jinetes, de todo en todo equipados, gran multitud con paveses y escudos, teniendo todos ellos espadas; Persia, Cus y Fut con ellos; todos ellos con escudo y yelmo; Gomer, y todas sus tropas; la casa de Togarma, de los confines del norte, y todas sus tropas; muchos pueblos contigo» (Ezequiel 38:2-6).

Sugerimos al lector un examen de todo el texto de los capítulos 38 y 39 de Ezequiel. La descripción que el profeta hace de esta futura invasión quizás es un efecto de la profunda impresión dejada por la invasión de los escitas en 630 a.c. Procedentes del norte, ellos devastaron como un turbión las antiguas civilizaciones mesopotámicas y siriacas, mas acabaron aniquilándose en virtud de su propio esfuerzo desgobernado.

Como Ezequiel escribió sus profecías cerca de 60 años después de la invasión escita, y como ningún otro evento ocurrido en el pasado sugiere el cumplimiento de tales predicciones, no tenemos otra alternativa sino la de aceptar, como lo más razonable, que estos eventos están diseñados de manera efectiva en la distancia extrema al final del tiempo. Entonces los textos escatológicos contextualizados con las predicciones apocalípticas (20:7) de grandes y misteriosas batallas deben preceder el final de la historia. (29)

Antonio Neves de Mesquita identifica las personas mencionadas por Ezequiel como descendientes de Jafet: Magog, Mesec y Tubal son mencionadas por Ezequiel (38:14-15), y sus nombres se corresponden con el Mogul, Mongolia, Tobolski, Moscú y Moscovi. (30)

Un reino de tinieblas

Entre los lexicógrafos modernos, la opinión actual es que Rusia representa hoy la antigua Rosh, ya que esta palabra, que en las versiones modernas aparece como jefe, en el original hebreo es *rosh*. «En suma —dicen los teólogos—, Gog significa tinieblas y suena bien expresivo como nombre de los típicos enemigos del pueblo de Dios. Magog debe ser descompuesto en Matu (tierra o región) y Gog, la tierra de tinieblas. Sin embargo, se menciona en la lista de los pueblos vecinos Moscú y Tubal (Génesis 10, 2), un país y un pueblo de Magog. Aquí, haciendo abstracción de los datos geográficos y nacionales, estas personas se nos presentan como los enemigos finales de Israel, como en el Apocalipsis, los últimos opositores de Cristo y de sus fieles». (31)

«Es un hecho indiscutible que en ningún país del mundo haya habido tanta oscuridad espiritual como en Rusia, donde por casi ocho décadas el saludo comunista era levantar el puño cerrado contra el cielo en desafío a Dios» (D. M. Panton), y donde cristianos de diversas confesiones fueron martirizados cruelmente. Solo la Iglesia ortodoxa venera como mártires a cincuenta y ocho obispos y más de un millar de sacerdotes asesinados en el comunismo ruso antes de 1923. Y ¿qué hablar de los millones de evangélicos que han sufrido o fueron martirizados por su fe? ¿Y qué hablar de los miles de judíos víctimas de los pogromos en Rusia entre 1871 y 1921? El pastor luterano Richard Wurmbrand, que pasó catorce largos años en las cárceles comunistas y que tenía en su cuerpo las marcas de las torturas sufridas por no informar los nombres de los creyentes secretos, dijo lo siguiente:

«Experimente poner una cuchara llena de sal en su boca y tráguela. Después de eso, espere una hora para tomar agua.

Usted no podrá aguantar. ¡Es insoportable! Sin embargo, pusieron cuatro cucharadas de sal en nuestra boca y no nos daban nada de agua.

Los creyentes fueron colgados en cruces durante cuatro días y cuatro noches. Dos veces al día, las cruces eran bajadas al suelo y los otros prisioneros eran obligados a hacer sus necesidades fisiológicas en los rostros y en los cuerpos de los crucificados. A continuación, las cruces eran levantadas otra vez y los comunistas a su alrededor, burlándose, decían: "Miren a su Cristo; Él les trae el aroma celestial"». (32)

El testimonio de la arqueología

Parece providencial que estos nombres bíblicos se han conservado, al menos en sus raíces, desde hace tantos siglos, ya que los descendientes de Jafet habitaron en la región situada al norte de Palestina. Un estudiante de la materia así comenta la profecía de Ezequiel 38:

> «La traducción griega del Antiguo Testamento, la Septuaginta, que aparece unos trescientos años antes de Cristo y fue citada a menudo por Jesús y por escritores del Nuevo Testamento, dice: "He aquí que Tubal…", por lo que también aparece en la traducción alemana hecha por Menge. Que esta denominación hace referencia al imperio ruso está más allá de toda duda. *Gog* es el símbolo de la expresión cabeza o el emperador de todos los rusos. *Magog*, una expresión simbólica, es tierra.
> Si las dudas persisten en cuanto a la cuestión de quién está involucrado aquí, lo que se dice en esta ocasión fueron los

nombres de las antiguas capitales del imperio ruso: la sede del gobierno de Siberia o capital asiática que es Tubal o Tobolsk, mientras que la capital europea, desde la grande ofensivas de Napoleón era Mesec, que más tarde llegó a ser llamada Moscú. El nombre Moscú se ha mantenido hasta nuestros días». (33)

Más tarde, el mismo autor dice:

«Basándose en los descubrimientos arqueológicos, sabemos que estas tribus [ancestrales de los rusos y de otros del este europeo] se establecieron al norte del mar Negro, y se extendieron luego al sudeste hasta los límites últimos de Europa. Josefo las situó en el este de Alemania, Polonia y Checoslovaquia. El Talmud judío confirma este diseño geográfico.

Se concluye con esto que Gomer y sus huestes son personas que se encuentran detrás de la Cortina de Hierro en el este europeo. Esto incluye los países del este alemán y eslovaco». (34)

La interpretación de Josefo y del Talmud, que el este de Alemania, Polonia y Checoslovaquia serían los territorios de los aliados de los rusos, nos hace plantear algunas preguntas interesantes: ¿Podría Rusia volver a ejercer dominio sobre estos territorios? ¿Serían los actuales ocupantes de aquellos antiguos territorios las mismas personas que se unirán a los rusos para la invasión de Palestina?

Como se sabe, Rusia ha dejado de ser una superpotencia comunista, ha experimentado una serie de crisis tanto en la economía como en la política. Todos los países del este europeo, aliados de Rusia, abandonaron el marxismo y su dependencia de Rusia, incluyendo el este de Alemania que, con la caída del infame Muro de Berlín desapareció como país y se unió a sus hermanos occidentales.

Con respecto a la antigua Alemania Oriental, es bueno tener en cuenta que antes de los nazis deflagraren lo que se convertiría en la segunda guerra mundial, el misionero John Kolenda, de nacionalidad alemana, presentó un seminario sobre las profecías en la iglesia donde pastoreaba en Texas (EE.UU.), y mostró el lugar exacto donde su país sería dividido. Sus predicciones, basadas en Ezequiel 38 y pasajes paralelos, tuvieron un fiel cumplimiento.

Más evidencias

Es interesante observar cómo se acumulan las pruebas a favor de la tesis defendida en este trabajo, debido a la absoluta ausencia de cualquier otra explicación convincente. Henry H. Halley, estudiante profundo de la Palabra de Dios dice:

> «Algunos entienden que Mesec significa Moscú o Moscovia, antiguo nombre ruso, o un pueblo llamado Mosqui, que se encuentra en las inscripciones asirias, como habitantes del Cáucaso. Se cree que Tubal es Tobolsk, ciudad de Siberia, o pueblo llamado Tibereni, de las playas del sudeste del mar Negro. Se cree que Gomer haya sido la nación de los cimerios que vinieron del norte, en gran número, a través del Cáucaso, en los días del imperio asirio, y ocupó partes de Asia Menor, pero que fueron expulsados. Se cree que Togarma era Armenia.
>
> Cualquiera que sea la exacta identificación de estas personas, Ezequiel declara que habitaban en las "bandas del

Gog y sus aliados

norte" (38:6, 15, 39:2) y no puede haber duda de que se refería a las naciones más allá del Cáucaso. Echando un vistazo en el mapa es posible ver que él tenía en mente *esa parte del mundo que hoy conocemos como Rusia*». (35)

El mismo autor llega a la conclusión de que se trata aquí de una terrible invasión, en los patrones de la que se llevó a cabo hace 2600 años por los escitas, de quien desciende el actual pueblo ruso. En 627 a. C., durante el reinado de Josías, rey de Judá, estos bárbaros eran un horror para las naciones del sudeste asiático.

«Corriendo a través de los desfiladeros del Cáucaso (de donde venían, pero lo que querían, nadie lo sabía) hordas tras hordas de escitas que ennegrecían las ricas llanuras del sur. Avanzaban como una nube de langostas, innumerables, irresistible, en búsqueda de las tierras que estaban igual que un jardín, y dejaban las tierras detrás de ellos como un desierto aullante. No escatimaban edad o sexo. Los habitantes de la tierra fueron masacrados sin piedad por los invasores, o, en el mejor de los casos, forzados a la esclavitud. Los cultivos fueron devorados, los rebaños tomados o destruidos, aldeas y haciendas eran quemadas; toda la región se tornó en un espectáculo de desolación». (36)

¿No estarían los escitas modernos ensayando una destructora ocupación armada en el Oriente Medio, aún más terrible que la anterior, que fue la causa de la ruina de Judá?

Lindsey y Carlson, en *La agonía del gran planeta Tierra*, mencionan a Lowth, Chamberlain, Cumming y el erudito judío Gesenius, para demostrar que no es reciente la identificación de

Rusia como el Gog de la Biblia. Estos eruditos vivieron en los siglos XVIII y XIX, cuando la vasta Rusia yacía sumida en la miseria y en grande atraso industrial, pareciendo imposible que llegara a ser potencia algún día, pero ellos se apoyaron en la palabra de los profetas: «como a una antorcha que alumbra en lugar oscuro, hasta que el día esclarezca…» (2 Pedro 1:19).

Para Lindsey y Carlson, Etiopía o Cus son naciones de África Negra, donde la influencia de Rusia ha sido muy fuerte. Put, actual Libia, corresponde a los países árabes del Norte de África, cuya inclinación ideológica ha sido cada vez más hostil a Israel. Gomer, y todas las tropas, son los países de la antigua cortina de hierro; Togarma y sus aliados, la Rusia Meridional y los Cosacos.

Escribiendo antes de las crisis políticas que han tenido lugar en África, los autores citados acertaron en su pronóstico, pues Angola y Mozambique durante muchos años se convirtieron en satélites de Rusia. Riquísima en diamantes, petróleo, hierro y café, Angola ocupa una posición estratégica en el área del Atlántico Sur, y podría facilitar a los rusos el avance a otras naciones, tanto en África como en América del Sur.

Mozambique, a su vez, estuvo casi perdido en el occidente. En Sudáfrica, la violencia resultante del cruel régimen racista fue explorado en todos sus aspectos por los rusos. Por último, estaba el colapso del comunismo al este europeo; África Negra se encontraba todavía en las garras del marxismo.

Synésio Lira, autor de varias obras sobre escatología bíblica, da su opinión acerca de Gog:

> «Israel, en cumplimiento de las profecías, no cabe la menor duda. Para entender esto, lea cuidadosamente los capítulos 38 y 39 de Ezequiel y otras declaraciones proféticas.
> En otras palabras, el profeta muestra el árbol genealógico

de este comandante del norte, para que podamos seguir el camino de la migración de las tribus a que se refiere hasta la nación que hoy conocemos. Gog es el nombre que simboliza el jefe de esta nación, y Magog es su tierra. También es el príncipe de los pueblos antiguos que se llaman a sí mismos Roxe, Mesec y Tubal. Estos nombres son mencionados en el capítulo de la Biblia comúnmente llamado por los estudiosos como Índice de las Naciones. (Ver Génesis 19). Son presentados como nietos de Noé a través de su hijo Jafet, excepto Roxe (Génesis 10:1-2). Magog es el segundo hijo, Tubal es el quinto, y Mesec es el sexto.

La conclusión a la que se llega es que Gog representa el gobernante ruso». (37)

Consideremos, por último, el testimonio interesante del escritor norteamericano H. L. Heijkoop:

«Los capítulos 38 y 39 nos responden a las preguntas anteriores. En el 38:6, 15 y 39:2 está escrito que viene del norte. Literalmente, del extremo norte, como se lee en las últimas traducciones. Para determinar este lugar, tenemos que salir forzosamente de Palestina. Estos dos capítulos tratan de la Palestina, y este país es también el centro o el ombligo de la tierra, como se traduce literalmente el versículo 12 del capítulo 38. Así que no se puede tratar de otro país que no sea Rusia, visto que al norte de Palestina hay solo una parte de Asia Menor, y luego sigue el enorme reino ruso.

Los nombres también confirman que se trata de Rusia. La palabra que se usa en muchas traducciones por jefe, es en realidad, un nombre propio, y por lo tanto debe quedarse sin traducción. En este caso debemos leer Gog, príncipe de Ros, de Mesec y de Tubal. Las traducciones más antiguas del Antiguo Testamento siguen esta versión, que por cierto, también es aceptada por los mejores traductores y hebraístas contemporáneos.

En las palabras Ros, Mesec y Tubal reconocemos claramente los rusos, Moscovo y Tobolsk. Vemos aquí, por tanto, a Rusia con sus aliados en los últimos días. Son sus aliados: los persas, los etíopes (*Cush* en hebreo) y libios (descendientes de Put). Cus y Put fueron los hijos de Cam, una parte de cuyos descendientes habitan el Éufrates (Génesis 19). Gomer es el progenitor de los celtas. La casa de Togarma son los armenios. Estos son los países que están sometidos a Gog o vinculados al mismo». (38)

Por la expresión «el príncipe soberano de Mesec», versículos 2 y 3 de Ezequiel 38, la Nueva Versión Internacional de la Biblia en inglés ofrece una nota al pie de la página: «Príncipe de Rosh». Una expresión similar se mantiene en la parte inferior de la NVI (Nueva Versión Internacional) en español: «Príncipe de Rosh».

El estadounidense Frank Boyd, conocido por sus conferencias sobre profecías bíblicas, y que en 1958 predijo la decisión de Israel de tomar los territorios al este del Jordán y la parte antigua de Jerusalén, entonces en poder de Jordania (que efectivamente se cumplió en 1967) asimismo, concluye que «los etimologistas han identificado Mesec y Tubal como Moscú, capital de Rusia, y Tobolsk, la antigua capital de Siberia. Moscú está situada en la orilla del río de Moscú (subafluente del Volga), y Tobolsk está bañada por el río Tobol. Por lo que aquí tenemos los mismos nombres dados a los ríos, a los pueblos y a las personas, en virtud de la muy conocida ley de la toponimia; no hay duda de que las tribus con estos nombres vinieron y se asentaron en los valles que aún los mantienen». (39)

Boyd señala que las formas modernas de estos nombres pueden ser fácilmente explicadas por la transformación sufrida por los lenguajes humanos en su historia. Después de señalar que estas naciones que invadirán la Tierra Santa vendrán de las regiones ubicadas en la banda del norte, pregunta: «¿Hay algún país que ocupa el extremo norte, y con acceso directo a Palestina, como se ha mencionado en la profecía, a menos que sea la Unión Soviética?»

5

RAZONES PARA LA INVASIÓN

«En aquel día subirán palabras en tu corazón, y concebirás mal pensamiento […] para arrebatar despojos y para tomar botín, para poner tus manos sobre las tierras desiertas ya pobladas, y sobre el pueblo recogido de entre las naciones, que se hace de ganado y posesiones, que mora en la parte central de la tierra» (Ezequiel 38:10, 12).

LAS RIQUEZAS FABULOSAS DE PALESTINA HAN DESPERTADO, desde hace tiempo, la codicia de los rusos, y explica todo su interés en la creación de Israel. Rusia también conocía la tendencia socialista de los judíos, especialmente entre los jóvenes, y sabía que el movimiento obrero era muy fuerte en Israel antes de 1947. De hecho, fue apoyándose en el Mapai, partido que representaba a los obreros, y en el partido religioso en el que David Ben Gurión se eligió presidente en 1948. Es natural, que promoviendo la creación de Israel en Palestina, Rusia esperaba ampliar su influencia en todo el Oriente Medio, desde el nuevo país.

Razones para la invasión

La Palabra de Dios deja muy clara la intención de Gog:

«Así ha dicho Jehová el Señor: En aquel día subirán palabras en tu corazón, y concebirás mal pensamiento, y dirás: Subiré contra una tierra indefensa, iré contra gentes tranquilas que habitan confiadamente; todas ellas habitan sin muros, y no tienen cerrojos ni puertas; para arrebatar despojos y para tomar botín, para poner tus manos sobre las tierras desiertas ya pobladas, y sobre el pueblo recogido de entre las naciones, que se hace de ganado y posesiones, que mora en la parte central de la tierra"» (Ezequiel 38:10-12).

Cuando Rusia deja caer la máscara que lleva todavía, e invade Palestina, muchos le dicen: «¿Has venido a arrebatar despojos? ¿Has reunido tu multitud para tomar botín, para quitar plata y oro, para tomar ganados y posesiones, para tomar grandes despojos?» (Ezequiel 38:13). Pero ¿a qué gran botín se refiere la Palabra de Dios? Comenzamos con el mar Muerto, donde el valor de los minerales depositados allí es casi increíble.

Cuando Jerusalén fue conquistada por el general Allenby en 1917, un geólogo británico comenzó a investigar las riquezas del mar Muerto y llegó a la conclusión de que la cantidad de varios minerales llegó a la asombrosa suma de un billón trescientos mil millones de dólares en aquel entonces. El científico inglés estimó el valor del bromo en doscientos sesenta millones de dólares, de potasa en setenta millones de dólares, y el cloruro de magnesio en ochocientos veinticinco mil millones de dólares, además de los grandes valores de otros minerales.

Refiriéndose a estas mismas riquezas, el escritor Julio Minhan pregunta: «¿Cómo o de qué están compuestas estas riquezas?» Y contesta:

«Están compuestas de sales que las industrias de todo el mundo buscan desesperadamente (veintidós toneladas de potasa, toneladas de tremulita, o sea, amianto comercial. Incluyendo las innúmeras toneladas de metales preciosos, hay muchos otros, y como enumerarlas sería agotador, nos limitaremos a decir que la fortuna que puede ser retirada del mar Muerto daría para comprar todos los países de influencia musulmana en Asia, Europa y Egipto.¡Esto, que ya podría ser mucho, no es todo! Las investigaciones en el subsuelo de Palestina revelan grandes depósitos de mineral de hierro, plata, plomo, antimonio, níquel, tungsteno, torio y uranio, que en la actualidad es buscado para producir el isótopo ^{235}U.

Si Palestina no sigue manando leche y miel, como en el pasado, mana ríos de oro y es muy posible que por causa de estos ríos de oro, árabes, ingleses y los judíos se matan allí con furia». (40)

Más recientemente, fueron descubiertos en el desierto de Néguev, enormes depósitos de esquisto, evaluados momentáneamente en cincuenta millones de toneladas. Este producto es un buen sustituto para el petróleo, aun escaso en Israel, pero que sin duda podría ser descubierto en cualquier momento, aumentando aún más el impresionante tesoro ya existente en la Tierra Santa.

Solo la fortuna del mar Muerto ha sido considerada superior al valor de todo el oro extraído de las entrañas de la tierra, y también fue calificado como superior a toda riqueza obtenida en Inglaterra, EE.UU., Francia, Alemania e Italia.

Nadie duda de la ambición rusa. Rusia se apoderó del ochenta por ciento del trigo y del ochenta y cinco por ciento de los equipamientos industriales de sus países satélites, y transfirió de

España a Moscú toneladas de oro en una audaz operación que se quedó registrada en los anales del espionaje internacional. La posición exaltada de Israel entre las naciones, el Canal de Suez, los campos petrolíferos de Mesopotamia y la riqueza increíble del mar Muerto hacen de Palestina el eje crítico de la tierra y constituyen el principal motivo de la invasión predadora de los rusos, tan necesitados de cargos importantes para dominar el mundo, y el petróleo árabe para alimentar a su enorme máquina de guerra.

Las intenciones rusas

La mayoría de los estudiosos de la Biblia dice que Gog es Rusia, porque este es el único país que tiene todas las características requeridas por la profecía bíblica. Entre las afirmaciones del texto sagrado, dos son de importancia fundamental para la comprensión de este problema: 1) la invasión se producirá «en el fin de los años», 2) Gog vendrá de «las bandas del norte».

Estamos viviendo en los últimos días y hoy la región norte de Palestina está ocupada por Rusia. Todos los pueblos mencionados que acompañarán Gog, incluyendo Persia, se están aproximando a él cada vez más.

Nació en la Edad Media, la idea de que Rusia estaría predestinada por Dios para ser la dueña del mundo. Para reforzar aún más este pensamiento, Iván IV el Terrible, que subió al trono de Moscovia en 1533, expandió su reino de treinta mil a un millón de kilómetros cuadrados, con una población entonces de doce millones de personas, solo inferior en Europa, a Francia.

A partir de ese monarca famoso, que en 1547 adoptó oficialmente el título de «César» (*tzar* o *czar*) todos los emperadores rusos se consideraban sucesores de los Césares.

El escritor Mark Margulies relaciona un interesante registro sobre esta pretensión rusa: En 1829, el filósofo Peter Iacovlevitch Chaadaev (1794-1856) dijo: «Rusia es demasiado grande para seguir una política nacional, su tarea en el mundo es la política de género humano [...] La providencia nos ha hecho extremamente fuertes para que nosotros seamos nacionalistas. Ella nos puso más allá de los intereses nacionales: nos confió los intereses de la humanidad».

En este mismo tiempo histórico, el poeta F. I. Tiutchev, exclama:

«Desde que Rusia, sin siquiera con Constantinopla, en sus fronteras actuales se torne el imperio cristiano en el sentido pleno de la palabra y el reino de la justicia y de la misericordia, el resto también se les dará por añadidura.

En 1589, el metropolitano de Moscú fue galardonado con el título de patriarca con autogobierno sobre toda Rusia, y Ecuménico, es decir, universal. En el acto la creación del patriarcado, así se dirigió su primer titular, Jeremías, al zar: "Tu gran reino, ¡oh! zar piadoso, es la tercera Roma. Supera todos los demás en su devoción. Todos los reinos cristianos se unen al tuyo. ¡Tú eres el único soberano cristiano en el mundo, soberano de todos los verdaderos cristianos!"»

El escritor Margulies nos informa, aunque en 1974, que en la antología de varias *Crónicas antiguas sobre el principio de la nación eslava-rusa* se revelaba finalmente los orígenes «verdaderos» de Moscú: "La ciudad fue fundada —dice el cronista—, por Mesec, sexto hijo de Jafet, hijo de Noé, que la Biblia menciona en Génesis 10:2". Sucesora universal de Roma y Bizancio, y sucesora rusa de Kiev y Vladimir, Moscú surgía así como la más antigua urbe del mundo. La primacía espiritual se unía a la cronológica. Philotheus Pskov comparaba el zar a Noé, el salvador de los hombres en el diluvio. Dmitri Donskoi, el vencedor de los tártaros, fue glorificado como Gedeón, Saúl y David. En 1912, un investigador ruso recopiló todos estos hechos y escribió una tesis: *Rus, novy Izrael* (Rusia, nuevo Israel).

Sobre el antiguo nombre de Rusia, es interesante ver cómo aparece en varios documentos históricos como «Rus» o «Rhos», que claramente corresponden al término utilizado por Ezequiel (38:3, LBLA). «Con base en Nestor (confirmado en este caso por los *Annales Bertianini)*, el sustantivo femenino Rus se refiere colectivamente a un grupo organizado de características comerciales, militares, que acompañan a un jefe. Por lo tanto, 'traer toda Rus' significa, de manera positiva, traer con él todos los grupos guerreros dependientes del jefe o del príncipe. De este término nacería después el nombre del país, de ahora en adelante gobernado por los diversos príncipes a través de la Rus».

Como podemos ver, son remotas las pretensiones de los rusos en dominar el mundo. Es por eso que Rusia planea lanzar miles de hombres en la conquista de Palestina. La Biblia dice: «Vendrás de tu lugar, de las regiones del norte, tú y muchos pueblos contigo, todos ellos a caballo, gran multitud y poderoso ejército, y subirás contra mi pueblo Israel como nublado para cubrir la tierra; será al cabo de los días; y te traeré sobre mi tierra» (Ezequiel 38:15-16).

Esta será la última y la mayor aventura de los estadistas rusos. Ellos han alimentado este propósito diabólico durante muchos años, pues ya han demostrado en más de una ocasión sus intenciones expansionistas. Por la fuerza de las armas, el terror y exterminio se apoderaron de varias naciones vecinas y de su territorio durante la Segunda Guerra Mundial, y todavía ocupan, por medios indirectos, varios países de Asia sudoriental y África Negra.

En relación con la Tierra Santa y al riquísimo Oriente Medio, los rusos saben que «los que quedaren con Palestina, finalmente gobernarán el mundo», como Napoleón Bonaparte en el siglo xix. ¿Por qué? Debido a que Palestina es el cruce natural entre tres continentes y está situado en el centro de la tierra. Así Dios dice refiriéndose a Jerusalén: «Esta es Jerusalén; la puse en medio de las naciones y de las tierras alrededor de ella» (Ezequiel 5:5).

La medida de la injusticia

Dios tiene Sus propias maneras de castigar una nación. Algunos recibieron el juicio rápido y desaparecieron, como los poderosos asirios y varios pequeños reinos del pasado. Otros son castigados a través de la humillación al convertirse en un reino pequeño, a veces dominado por extranjeros, como Egipto, Persia, Babilonia, Grecia, etc.

En el caso de Rusia, las razones divinas son ahora bien conocidas. Fue en este país que los israelitas sufrieron más con los pogromos, en el período entre 1871 y 1921. Y aunque cesaron los pogromos, el odio por el pueblo israelita fue transferido al partido comunista.

Es bien conocido el hecho de que el comunismo no puede sobrevivir en un mundo dividido ideológicamente. El marxismo predica uno solo régimen por todo el planeta, por lo que Rusia gastó una fortuna en la tarea de exportar su filosofía a todas las naciones libres y en la consolidación de la ideología comunista en las zonas conquistadas por ella. Solo el mantenimiento del comunismo en Cuba, en los primeros años del gobierno de Fidel Castro, habría costado para Rusia un millón de dólares por día.

Los objetivos del comunismo nunca han cambiado desde su implantación a finales de la Primera Guerra Mundial. En 1919,

Razones para la invasión

José Stalin, como portavoz de Lenin, dijo refiriéndose a la división política del mundo: «El mundo se dividió en dos bandos irreconciliables: el campo del imperialismo y el campo del socialismo». Cuarenta años más tarde, en una Resolución del XXI Congreso del PCUS (Partido Comunista de la Unión Soviética), Nikita Kruschev dijo: «Ahora hay dos sistemas sociales en el mundo: el capitalismo, que está en los últimos estertores, y el socialismo, que está lleno de una fuerza vital y creciente y cuenta con el apoyo de los obreros de todos los países».

Esta afirmación optimista explica otra proferida en 1957, cuando Khrushchev habló ante una audiencia en la Unión Soviética sobre la coexistencia pacífica: «Pero, por supuesto, tenemos que entender que no podemos coexistir para siempre. Uno de nosotros tiene que ir a la tumba. No queremos ir a la tumba. Ellos (las potencias occidentales), tampoco quieren ir a la tumba. ¿Qué hacer entonces? Tenemos que empujarlos a la tumba». (41)

El marxismo se opone fundamentalmente a cualquier otro sistema, y siempre predica la subversión con el objetivo de tomar las riendas del gobierno mundial. Un especialista en ciencias políticas ha analizado la doctrina de Marx, en contraste con los principios democráticos, tomando como ejemplo los propios Estados Unidos:

> «La contradicción que existe entre el marxismo y la tradición americana aparece con más aspereza en casi todas las áreas por donde se extiende el intelecto humano; como, por ejemplo, en la psicología, donde los marxistas tratan el procedimiento humano como un producto infinitamente plástico del medio social, mientras nosotros estudiamos las cualidades indelebles comunes a todos los hombres en todas partes.

En la sociología, insisten en afirmar que la relación existente entre las clases es un caso de explotación y lucha, mientras que nosotros la vemos como un caso de cooperación e interdependencia. En el ámbito económico, juzgan que este tiene influencia dominadora en la vida, en los pensamientos y en los valores humanos. Nosotros la vemos como apenas una de las tres o cuatro mayores influencias. En la historia, cuya maravillosa complejidad transformaron en un modelo de lucha de clases y un cataclismo social, y al que nosotros enfrentamos en términos de orígenes múltiples y misteriosos.
En la teoría política, que enseña a todos a temer al Estado liberal y confiar plenamente en el poder de la dictadura del proletariado; a nosotros, se nos enseña a temer y recelar el poder, que no puede ser confrontado, puesto en las manos del hombre.
En los principios del constitucionalismo, que consideran como un fraude burgués, nosotros los consideramos como la esencia de un gobierno libre.
Y, sobre todo, en la filosofía, donde las ideas básicas ayudan al hombre a acercarse tanto a las grandes maravillas como a los pequeños hechos del mundo en que vive. Toda su doctrina se esclaviza a un materialismo rígido, mientras que la nuestra es una sutil mezcla de racionalismo, idealismo, empirismo y pragmatismo; en definitiva, a todos los caminos que conducen al conocimiento, los marxistas desprecian y ridiculizan». (43)

Más tarde, el mismo autor señala que nuestro sistema de ideas se muestra abierto a nuevos pensamientos y a nuevas evidencias. Tiene creencias monolíticas acerca de la dignidad humana, la

Razones para la invasión

excelencia de la libertad, los límites de la política y de la presencia de Dios; pero, sobre tales creencias, incluso como un desafío a la última, los hombres gozan de absoluta libertad de pensamiento.

Por estas razones, nuestro autor dice que es difícil considerar con gran respeto un sistema de ideas tan monistas como el marxismo, y que es mucho más difícil todavía apoyarlo, especialmente en vista a la abrumadora evidencia que tenemos ante nuestros ojos, mostrando que el monismo, en el mundo de las ideas, lleva al absolutismo en un mundo de los acontecimientos.

Es cierto que la intensa campaña de Rusia para dominar el mundo por medio del comunismo resultó en un fracaso total y humillante. El telón de acero, o la cortina de hierro, ya no existe. El muro de Berlín ha caído, y los países satélites de Rusia son ahora naciones independientes en busca de un desarrollo que nunca alcanzaron con el totalitarismo marxista.

Pero los grandes cambios políticos y sociales ocurridos en Rusia, lejos de invalidar la profecía, representan cumplimientos de otras predicciones bíblicas. En Isaías 43:6 vemos que este verso muestra el regreso del pueblo de Israel a Palestina, Dios dice: «Diré al norte: Da acá; y al sur: No detengas».

El norte, que indica claramente Rusia, no permitía que los judíos partiesen, pero ahora millones de ellos están volviendo a su antigua patria. El sur, es una clara indicación de Etiopía, quien también trató de impedir la salida de los judíos, pero que no los pudo sostener.

Por otro lado, si Dios tratará directamente con Rusia en los montes de Israel, aquella nación está ahora sola para que cumpla las profecías. La aguda crisis económica y política que pasa la gran nación del norte puede ser presagio de los juicios venideros, como algunos creen, pero yo prefiero verla como una respuesta divina a la oración de la iglesia clandestina en Rusia y una gran oportunidad a las iglesias en el oeste de llevar el evangelio al necesitado pueblo ruso.

Cuando llega el tiempo exacto de Dios de llevar Rusia y sus aliados hasta los montes de Israel, todo el terreno estará preparado. Ignorando o no la Palabra de Dios, los soviéticos ya han revelado sus verdaderas intenciones a través de un sello postal emitido en el año 1930, por un importe de catorce kopeks, en el que el texto de Ezequiel 38 y 39 no podría ser mejor ilustrado.

«El fondo representa la Unión Soviética. Es posible ver la caballería roja, recordando uno de los Cuatro Jinetes del Apocalipsis. Rusia está al norte de Palestina y la línea de negro debajo de los caballos representa el camino a seguir por los caballeros y apunta directamente a Palestina. Todo el fondo del dibujo está ocupado por una nube y representa perfectamente la visión de Ezequiel. Es posible ver el mar de Azov y allí está dibujada la probable ruta del ejército rojo». (44)

William Beirnes, editor de *The Midnight Cry* [Lamento de media noche], afirma que las tres rutas ilustradas en el sello apuntan directamente al sur de Turquía (la Togarma de la Biblia) en dirección a Israel. «Sus ejércitos están representados listos para atacar, partiendo de la parte montañosa del sur de Turquía».

Hay un detalle en la profecía de Ezequiel que no debe pasar desapercibido. Es lo que hace referencia a los caballos y jinetes de Gog, que son los mismos que también ilustran el sello postal anterior. De hecho, Rusia tiene hoy la caballería militar más numerosa del mundo, y sin duda esta será la principal fuerza terrestre utilizada por Gog en su campaña contra la Tierra Santa, por adaptarse perfectamente a la topografía accidentada de la carretera que conduce a Palestina a través de Turquía, y que caracteriza también el propio suelo israelí.

¿Centro de ateísmo en la cuna de las religiones?

Las autoridades de la ex Unión Soviética siempre han afirmado que el ateísmo sin el plan completo de Karl Marx no podía subsistir. De ahí surgieron muchas campañas contra la religión en ese país.

De hecho, Marx dejó en claro su concepto acerca de todo tipo de religión:

> «Para obtener hoy día el origen de las ideas religiosas es necesario volverse al pasado, al origen no explicado de los dolores sufridos y su aspecto inevitable transformado en institución sobrenatural. Aunque la masa sea el escarnio del modo de la producción, las miserias que el sistema capitalista crea y aquella sufre, conservarán sus ojos en un personaje sobrehumano, por lo que persistirá este miedo sin nombre que amedrenta, es decir, el sentimiento religioso. La religión no es más que el reflujo de las fuerzas sociales en la mente, las últimas fuerzas externas cuyo modo de ser hacen al hombre creer que provienen de un poder superior... El déspota terrestre, el capitalista, arrastrará en su caída el fantasma celestial, guiando al hombre a la producción en lugar de ser guiado por ella, encontrando al final el bienestar en la tierra, teniendo noción clara y precisa de su situación en el universo en general y en la sociedad en particular, desaparecerá universalmente la necesidad de

este tipo de esperanzas y consuelos, que son la consecuencia de la tiranía hoy misteriosa para las masas, así como la creencia en un ser supremo, galardonador soberano de alegrías y tristezas.

Nosotros —prosigue Marx— ardientes anticatólicos, ridículos adaptados a los bautismos civiles y otros ritos, pensamos libertar la sociedad civil de todo lazo místico y mistificador porque comemos carne en Viernes Santo, hacemos del libre pensamiento la primera condición de la regeneración social; y no vemos, o no queremos ver, que las religiones no son organismos independientes del entorno económico en que se mueven». (45)

Así acogiendo con entusiasmo las doctrinas marxistas, los comunistas rusos trabajan en la búsqueda de un gobierno mundial, libre, también, del «opio del pueblo», la religión. Por tanto, es imposible conciliar el marxismo y la fe religiosa, de ahí la intensa campaña antireligiosa emprendida en los países comunistas.

Idelfonso Albano, en una réplica del libro *El gobierno soviético*, de Hewlett Johnson, muestra con gran detalle lo que ha sido la persecución religiosa en Rusia desde 1917 hasta 1938:

«En 1919, varios comunistas fueron los encargados de la campaña antireligiosa. En 1921 organizaron las células ateas en las ciudades y en los campos. El 12.º Congreso del Partido Comunista, celebrado en 1923, adoptó una sistemática campaña antireligiosa, apareciendo en consecuencia de esto dos periódicos, *El sin Dios* y *El sin Dios en el taller*.

En 1925 se fundó la «Unión de los sin Dios» con el fin de difundir el ateísmo en todo el país. Esta entidad tuvo, en 1926, 2421 células con 87.033 miembros; en 1927 su número llegó a 3121 células con 138.402 miembros. En 1929 fue inaugurado el Museo Central Antirreligioso de Moscú, capaz de proporcionar al visitante, en cuestión de horas, una completa educación antireligiosa. En 1933, el museo envió a las provincias 179 pequeñas exposiciones itinerantes, diseñadas también para propagar el ateísmo marxista-leninista». (46)

Albano continúa su análisis narrando la persecución religiosa en Rusia informando que, para los comunistas que no tenían una cultura elevada, la «Unión» elaboró un método altamente eficiente. Por unos escasos rublos se podía adquirir conferencias elaboradas por el Consejo Central de la Unión, acompañadas por dispositivos luminosos para proyección. Estas conferencias fueron diseñadas para secundar la acción poderosa del teatro, la radio, y en especial el cine, trabajando, cada uno en su área, para terminar con toda clase de deísmo.

La campaña antireligiosa logró un gran progreso en los años treinta, llegando a 80.000 células y tenía siete millones de militantes ateos. Entre 1932 y 1936, se puso en marcha un plan antireligioso de cinco años, que preveía el cierre de las iglesias que seguían abiertas, la expulsión de los religiosos de las empresas y de los organismos del Estado, la prohibición de toda literatura religiosa, la preparación de 150 películas antireligiosas, y así por el estilo.

A finales de 1963, también dijo Albano, la lucha contra la religión en la Unión Soviética entró en una nueva fase. El Comité Central del Partido Comunista estableció una institución especial llamada el Instituto de Ateísmo Científico, diseñado para dirigir todas las actividades de los ateos. La prensa fue puesta a disposición de la nueva organización para desacreditar la superstición religiosa.

Dentro de esta forma de propagar el ateísmo, las revistas soviéticas comenzaron a publicar artículos que condenaban el individualismo cristiano y el amor al prójimo, principios abiertamente opuestos al colectivismo marxista y su odio implacable a todos los no comunistas. Especialmente el principio cristiano de amar al prójimo pasó a ser ridiculizado en los periódicos comunistas, con el argumento de que es un absurdo amar a los enemigos de la humanidad, es decir, todos los gobiernos no comunistas en el mundo.

En la moral marxista, el origen ideológico y de clase del individuo determinará si debe ser amado u odiado. No se debe amar a los «capitalistas» e «imperialistas», mas hay que odiarlos. El avance del comunismo siempre se ha basado en el odio y nunca en el amor.

Incluso en los años sesenta hubo también una ofensiva contra la religión fuera de la Cortina de Hierro, como parte de la estrategia comunista internacional, cuyo objetivo era la dominación del mundo en un plazo mediano. A través del espionaje y de la conversión falsa, tenían la intención de debilitar las estructuras religiosas internamente y dar sentido a su mensaje marxista. En parte, como resultado de esta ofensiva, surgió en América Latina la llamada Teología de la Liberación, que confunde a la evangelización con la contextualización, iglesia con comunidad, pobre con proletario, rico con burgués, pecado con opresión, y el evangelio de la paz con la revolución armada.

Esta ofensiva comunista consiguió bien temprano afectar al Consejo Mundial de Iglesias. En su tercera Asamblea General, celebrada en Nueva Delhi en 1961, se hizo evidente la infiltración marxista en aquella organización:

Razones para la invasión

«A través de la recepción de la Iglesia ortodoxa rusa, el Consejo acepta la participación comunista. Líderes ingenuos del Consejo insisten en que no hay nada político en ello. Pero los diez sacerdotes en trajes eclesiásticos que participaron entre los dieciséis miembros de la delegación rusa en Nueva Delhi, encabezada por el Arzobispo Nikodim de Rostov y Yaroslav, fueron exponentes alarmantes de clase comunista. Los seis laicos con vestimenta común, incluyendo el intérprete V. Zaitsen, en cuanto a los hechos y a la apariencia daban sustancia a la afirmación de que eran policías secretos de...» (47)

En 1975, el sacerdote polaco Miguel Poradowski, radicado en Chile, denunció a los comunistas ya que estos consideran la iglesia como el opio del pueblo; trataban de controlarla con el fin de tomar el poder, y culpó al Vaticano por la caída de Saigón en manos de comunistas. En México, en 1977, un sacerdote declaró ante 15.000 fieles que el comunismo era la única solución al problema de la pobreza en el mundo.

En los años setenta mismos, el Arzobispo Arrigo Pintonello de Roma, en una carta abierta al Papa, dijo que el comunismo y el ateísmo habían contaminado más del noventa por ciento de los clérigos jóvenes de la Iglesia católica, y lamentó el silencio de su iglesia ante los crímenes comunistas, enumerados así por él: sesenta y seis millones de muertos bajo el gobierno de Stalin en la URSS, ciento cincuenta millones de víctimas de Mao Zedong en China, dos millones y medio de muertes en Camboya, la destrucción de 5945 templos, la extinción del episcopado en las cárceles y en el exilio, juntamente con 1500 sacerdotes en Ucrania.

Todas las esperanzas de libertad religiosa en Rusia, en virtud de los acuerdos de Helsinki, cuando los soviéticos prometieron al Occidente respetar los derechos humanos, cayeron por tierra. La organización «Ayuda a la Iglesia Necesitada», informaba en 1978 que la nueva Constitución Soviética reforzaba la posición de monopolio del Partido Comunista, edificando una base legal, exigiendo que todos los ciudadanos debían trabajar en la construcción de la sociedad comunista atea. Idelfonso Albano también explica que mientras la publicidad dentro y fuera de Rusia ensalzaba la libertad de los ciudadanos, los creyentes y no creyentes que defendían la libertad de conciencia eran sometidos a un severo castigo, y solo el hecho de una persona proclamar ser religiosa era interpretado como un síntoma de anormalidad mental.

A pesar de las reiteradas peticiones de miles de fieles, y la presión de las organizaciones internacionales que defendían la libertad religiosa y de pensamiento, nada sucedió; pues, los sacerdotes más activos y pastores fueron enviados por el Gobierno a las cárceles, a asilos o a campos de concentración. La educación religiosa era prohibida para los niños, y los hijos de padres religiosos continuaban siendo objeto de discriminación en la escuela y eran obligados a recibir una educación atea. Como resultado, el número de iglesias disminuyó en Rusia. Es difícil predecir hasta qué punto el régimen comunista impidió el avance de la evangelización de Rusia. De sus ciento cincuenta millones de habitantes a fines de 1998, treinta y cinco millones dijeron que eran ortodoxos, y solo el uno por ciento de la población profesaba la fe cristiana evangélica, y esto a pesar del esfuerzo misionero para la evangelización del país desde el fin del comunismo.

Siembra y cosecha

Si Rusia, desde 1917, siempre ha mostrado una voluntad de desterrar a Dios de la vida de su pueblo y destruir todas las clases de religión en el mundo, no es de extrañar que anhelase un día ocupar Palestina, que es la cuna de tres religiones: el judaísmo, el cristianismo y el islamismo.

Lenin dijo: «Nuestra publicidad requiere la propaganda del ateísmo», y Stalin se jactó de reunir el ejército más grande jamás creado para ser enviado a la Tierra Santa. Antes de su muerte, Stalin había declarado que si hubiera Dios, él lo destruiría; él iba a demostrar al mundo que Dios no existe.

¿Habría Dios olvidado todas las afrentas hechas por los rusos durante la época del comunismo y todos los crímenes cometidos contra los que confesaban Su nombre, ya sean cristianos o judíos?

La manera en que Dios ha tratado a los pueblos que se levantan contra Él y contra Su pueblo muestra que el día de Rusia llegará. Dios, en Su misericordia, hizo caer la Cortina de Hierro y el Muro de Berlín en 1991, para que dos cosas sucedieran dentro de Su propósito, cumpliendo así las profecías: En primer lugar, Rusia permitiría la salida de los judíos de su territorio como lo expresa Isaías 43:6 («Diré al norte: Da acá») y Ezequiel 37:13 (Cuando abra vuestros sepulcros, y os saque de vuestras sepulturas). En segundo lugar, el Evangelio sería predicado también al sufrido pueblo ruso (Mateo 24:14), y esto está pasando últimamente a través de los gigantescos esfuerzos misioneros evangélicos de todo el mundo, incluyendo Brasil.

La grave crisis económica, política y social por la que pasa la nación rusa hace solemnes las palabras de un estudioso reciente de los acontecimientos de nuestro tiempo:

> «La Unión Soviética ha desaparecido, pero Rusia (a pesar de los esfuerzos dramáticos en la búsqueda de la democracia y de la libertad) está en este mundo cada vez más inestable, más peligrosa que nunca. Nunca debemos

olvidar que Rusia y sus antiguas repúblicas representan una paradoja de la historia. Ellos tienen una economía interna de tercer mundo, y un estilo de vida acoplado a un complejo militar-industrial de alcance mundial. Lo único que tienen para vender a un peligroso y lucrativo Oriente Medio es la mejor arma de destrucción masiva que el dinero puede comprar.

Este es el tipo de ambiente, en combinación con el remanente de esta colosal infraestructura militar, que produce el control militar». (48)

Otro estudioso profundo de las profecías bíblicas, cuyo ministerio de radio y televisión llega a 25.000 ciudades de Estados Unidos y por 160 naciones de todo el mundo, dice que la actual Rusia posperestroika está lista para cumplir lo que está predicho en las profecías.

«El oso no está hibernando. Está despierto, hambriento y listo para lanzarse en el mundo, tal como la Palabra de Dios ha profetizado». (49)

¿Resurgirá la Unión Soviética?

Cuando cayó el comunismo en el este europeo, líderes cristianos de todo el mundo tuvieron la sensación de que la perestroika era una oportunidad que Dios estaba dando a los cristianos para predicar el evangelio en esos países.

La rapidez con que las grandes agencias misioneras y denominaciones del Occidente, entre ellos Brasil, acudieron en masa a aquellos países llevando la Palabra de Dios, atestiguaba con seguridad que la puerta de la libertad no permanecería abierta por mucho tiempo. En efecto, la libertad religiosa comenzó a reducirse en 1998, cuando el Parlamento ruso y el presidente Boris Yeltsin, presionado por Alexis II, máximo líder de la Iglesia ortodoxa rusa, aprobó un proyecto de ley que prohibía la apertura de nuevos trabajos misioneros y la fundación de nuevas iglesias en el país. En virtud de este proyecto, solo las iglesias con un mínimo de quince años de registro, tenían la libertad de operación.

Adriano Marinho da Costa Júnior, quien llegó a Rusia en 1995 como misionero evangélico, no descarta la posibilidad del retorno del régimen comunista:

«La iglesia rusa teme perder la libertad religiosa. Con la nueva ley, la policía nos pide un permiso y otros documentos para la evangelización en las calles. En los locales donde hacemos las reuniones, necesitamos estar bien documentados y siempre tener un ruso de nuestro lado. A veces, la iglesia tiene que ser registrada a nombre de un ruso. Los cultos son muy diferentes, no se puede hablar demasiado alto». (50)

La profunda crisis política y económica por la que pasa Rusia, especialmente en el momento en que estoy escribiendo, revela la posibilidad de una rápida disminución en la democracia. En este sentido, otro estudiante de las profecías, al escribir sobre el deseo de Rusia de volver a ser una superpotencia, dijo:

«El imperio de los soviéticos durante la época del gobierno comunista fue una fuente de gran orgullo para muchos. La humillación de perder el imperio junto con el empobrecimiento de su tambaleante economía dejó al pueblo ruso con la nostalgia por su pasado, con amargura del presente y con escepticismo acerca del futuro. Es en este clima que la dictadura desabrocha, y realmente no hay necesidad de mirar más allá de las elecciones más recientes en la dirección de la Duma rusa, hasta encontrar una indicación del rumbo que Rusia está tomando». (51)

Pero la crisis socioeconómica de Rusia no representa solo una amenaza para la frágil democracia. La falta de recursos financieros ha dificultado el mantenimiento de todo el sistema electrónico de control de las armas nucleares. La posibilidad de que un cohete balístico nuclear dispare por un fallo electrónico o técnico es mucho mayor hoy que en la época de la Guerra Fría.

Con el fin de mitigar la gravedad de esta crisis, los EE.UU. han invertido cientos de millones de dólares en Rusia, y han reforzado una mayor vigilancia de sus fronteras, pues algunas armas nucleares miniaturizadas, que pueden ser transportadas dentro de una maleta de viaje común, desaparecieron del país y pueden estar en manos de grupos terroristas del tipo de los que han atacado a las instituciones estadounidenses en varias partes del mundo. Una «valija» de éstas, dejada cerca del Capitolio en Washington, podría arrasar un área de varios kilómetros cuadrados, incluyendo la Casa Blanca.

En 1997, dos personas fueron arrestadas en Miami por el FBI porque estaban tratando de negociar armas rusas que cruzaron las fronteras de ese país tal vez por medio de soborno o por descuido de los militares rusos.

Estos militares, que han recibido sus salarios durante varios meses con retraso (lo que ha provocado un aumento en la tasa de suicidios entre ellos cuatro veces más) podrían, ellos mismo, en un acto de desesperación, provocar una destrucción de proporciones internacionales.

Razones para la invasión

Todo este caos que envuelve a la ex Unión Soviética hace solemnes las advertencias de que el comunismo puede regresar en cualquier momento, incluso más radical que antes, y traen vida las palabras apostólicas que dicen: «Cuando digan: Paz y seguridad, entonces vendrá sobre ellos destrucción repentina, como los dolores a la mujer encinta, y no escaparán» (1 Tesalonicenses 5:3).

6

EL FIN DE RUSIA

«Sobre los montes de Israel caerás tú y todas tus tropas, y los pueblos que fueron contigo; a aves de rapiña de toda especie, y a las fieras del campo, te he dado por comida» (Ezequiel 39:4).

FELIZ O TRÁGICO, EL DESTINO DE UN PUEBLO A MENUDO depende de su actitud hacia la Palabra de Dios. Esto sucedió y sigue sucediendo a Israel y a muchos otros países. En cumplimiento al orden imperativo de Jesús, el evangelio de la gracia de Dios ha sido proclamado en todo el mundo, para testimonio a todas las naciones. Y los oyentes, aceptando o no la buena nueva, eligen, individual y colectivamente, el futuro de su propia nación.

Rusia también tuvo su oportunidad de convertirse en bíblicamente cristiana, pero no supo aprovecharla. Esto ocurrió en el momento del emperador Alejandro I, a principios del siglo pasado. Poseedor de un carácter muy contradictorio, pero sensible a punto de reconocer su propia debilidad y de humillarse ante Dios, Alejandro se dio cuenta del peso de las graves circunstancias de su tiempo, que la vida era algo muy serio, y por eso pretendió reflexionar y cuidar la formación de su propia personalidad.

En este entonces, Napoleón Bonaparte, en su sed insaciable de poder, arrasaba los países de Europa Occidental. Durante la guerra franco-británica en 1805, Alejandro se une a los enemigos del dictador francés y también pierde la guerra. Tuvo que pedir la paz en 1807. Al año siguiente, el emperador se alía a Napoleón y declara la guerra a Suecia y esta pierde a Finlandia. La amistad entre los dos hombres de Estado, sin embargo, fue de corta duración, y Napoleón, furioso, amenazó con ocupar Rusia.

La intención de Napoleón dejó a Alejandro profundamente afligido, y este buscó un amigo de su juventud, el príncipe Galitzin, quien había abandonado una vida atormentada y se convirtió al evangelio. Los dos estaban juntos todos los días y la nueva vida del príncipe creyente impresionó fuertemente al emperador.

> «Un día, mientras Galitzin tomaba una Biblia de sobre la mesa para leer un texto al emperador, esta se cayó inadvertidamente. Al recogerla, se dio cuenta de que estaba abierta en Salmos 91. Alejandro leyó las palabras y se quedó impresionado y volvió a leerla. Galitzin le dijo que eso no era casualidad, seguramente, que la Biblia se había abierto allí por voluntad divina. A partir de ese momento, Alejandro mostró un gran interés en la Biblia, y más tarde escribió: «He devorado la Biblia y sus palabras dieron consuelo a mi corazón. En su inmensa gracia el Señor me abrió los ojos de manera que yo entiendo lo que leo. Adquirí el engrandecimiento, la luz interior y muchas bendiciones, que agradezco tan solamente a la lectura de las Sagradas Escrituras». (52)

Napoleón invadió Rusia, como había prometido, pero sufrió una derrota fragorosa por la espada, por el frío y por el hambre. Para Alejandro, que conocía las campañas napoleónicas, fue la mano de Dios, en cumplimiento de Salmos 91. Se tornó más fiel al Evangelio y siempre traía consigo la Santa Biblia, que la leía todos los días.

En el día de su cumpleaños, 11 de septiembre de 1815, Alejandro estaba en Francia y Napoleón era ya un conquistador totalmente derrotado. Después de revisar a sus ciento cincuenta mil hombres, Alejandro se arrodilló delante de todos, dio gracias a Dios por la victoria y le tributó toda gloria.

La Sociedad Bíblica de Rusia, fundada por iniciativa británica en 1812, recibió pleno apoyo del emperador, incluso grandes subsidios. Pero el Santo Sínodo de la Iglesia ortodoxa, al darse cuenta de que sus bases estaban siendo socavadas, entabló una campaña tan fuerte en contra de esa entidad «protestante», que el emperador no pudo resistir. Galitzin se vio obligado a abandonar la presidencia de la Sociedad, y los líderes del Sínodo ocuparon su lugar, impidiendo cualquier programa de distribución de las Escrituras en el país.

¿Qué le habría pasado a Rusia si ella estuviera sembrada de Biblias? ¿Habría prevalecido el comunismo ateo? Hay relatos de que en aquella época hubo gran hambre en uno de los estados de Rusia y un sacerdote de una parroquia pensaba vender parte de la propiedad de la iglesia para comprar pan, pero el obispo dijo que preferiría ver las personas muriendo a consentir que la iglesia gastase su oro para matar el hambre de los hambrientos. Esta actitud, en oposición a la doctrina de Jesús de Nazaret, despertó el odio de muchos contra la rica iglesia y, sin duda, esto ayudó al comunismo a hacerse cargo de toda esa gran nación.

¿El fin del comunismo?

La historia moderna del comunismo comenzó en 1848, cuando Karl Marx y Federico Engels, lanzaron *El manifiesto comunista*. El movimiento obtuvo buena respuesta en todo el mundo, pero solo logró tomar el poder en 1917, en Rusia, en la revolución bolchevique dirigida por Lenin.

Es dudosa la originalidad del movimiento comunista soviético. Varios historiadores afirman que los responsables por el derrocamiento del zarismo tenían poco o nada de marxistas, pero hubo, en cambio, la astucia de los comunistas al aprovecharse de la caótica situación que prevalecía en el país. En cualquier caso, por primera vez el sistema fue intentado, a expensas de millones de asesinatos.

A través de Rusia el comunismo conquistó otros países hasta el punto de dominar un tercio de la humanidad, pero la historia está allí testificando que el terrible régimen rojo camina rápidamente hacia su propio fin, gracias a la poderosa mano de Dios, que ha impedido su marcha. Las profecías nos dan la seguridad de que el ateísmo no existirá durante el gobierno del Anticristo, pues él será religioso y no materialista y ateo.

En ediciones anteriores a este libro dije que solo Dios podría parar el comunismo, haciendo hincapié en que el carácter ateo del sistema es una blasfemia que el Creador no dejará quedar impune. De hecho esto ocurrió.

Creo que lo que aún queda del comunismo en el mundo va a desaparecer por el liderazgo del Anticristo en el Imperio romano restaurado. Una grave crisis de autoridad en los gobiernos del mundo será cada vez más pronunciada, desde la perspectiva de la escatología bíblica, que muestra que todo el liderazgo mundial, un día, se concentrará en manos del Anticristo.

Está claro que la política exterior hábil de Ronald Reagan ayudó a cerrar el círculo y dar lugar a la *perestroika* rusa, pero detrás de todo esto está la mano de Dios respondiendo las oraciones de millones de creyentes angustiados que anhelaban la libertad de poder servir a Dios libremente y de poseer al menos una copia de la Biblia.

Perestroika significa también el cumplimiento de la promesa de Dios haciendo caer el telón de acero y el muro de Berlín para que los judíos pudiesen regresar a su antigua tierra. ¡Dios rompería las tumbas donde ellos estaban encerrados!

Un juicio de Dios

En el fondo, los comunistas rusos aún alimentan el objetivo de volver al poder y ocupar Palestina, que es el lugar del nacimiento del judaísmo, cristianismo e islamismo, para desterrar la religión de la tierra, pero Dios intervendrá con Su brazo fuerte en favor de Su pueblo, y entonces será el final trágico de los ejércitos invasores.

«En aquel tiempo, cuando venga Gog contra la tierra de Israel, dijo Jehová el Señor, subirá mi ira y mi enojo. Porque he hablado en mi celo, y en el fuego de mi ira: Que en aquel tiempo habrá gran temblor sobre la tierra de Israel; que los peces del mar, las aves del cielo, las bestias del campo y toda serpiente que se arrastra sobre la tierra, y todos los hombres que están sobre la faz de la tierra, temblarán ante mi presencia; y se desmoronarán los montes, y los vallados caerán, y todo muro caerá a tierra. Y en todos mis montes llamaré contra él la espada, dice Jehová el Señor; la espada de cada cual será contra su hermano. Y yo litigaré contra él con pestilencia y con sangre; y haré llover sobre él, sobre sus tropas y sobre los muchos pueblos que están con él, impetuosa lluvia, y piedras de granizo, fuego y azufre. Y seré engrandecido y santificado, y seré conocido ante los ojos de muchas naciones; y sabrán que yo soy Jehová» (Ezequiel 38:18-23).

La gigante batalla de Gog contra el pequeño Israel será la más horrible e imaginable, y no habrá otra similar en la historia mundial. Será combatida con violencia en los mares (temblarán… los peces del mar…), el conflicto aéreo será terrible (temblarán…. los pájaros…), y los combates en tierra serán asombrosos (temblarán… todo reptil que se arrastra sobre la tierra). Pero, se espera que la victoria sea de los judíos, por la intervención de la propia naturaleza, sobre control divino, como nos muestra la Biblia:

«Que los peces del mar, las aves del cielo, las bestias del campo y toda serpiente que se arrastra sobre la tierra, y todos los hombres que están sobre la faz de la tierra, temblarán ante mi presencia; y se desmoronarán los montes, y los vallados caerán, y todo muro caerá a tierra. Y en todos mis montes llamaré contra él la espada, dice Jehová el Señor; la espada de cada cual será contra su hermano. Y yo litigaré contra él con pestilencia y con sangre; y haré llover sobre él, sobre sus tropas y sobre los muchos pueblos que están con él, impetuosa lluvia, y piedras de granizo, fuego y azufre. Y seré engrandecido y santificado, y seré conocido ante los ojos de muchas naciones; y sabrán que yo soy Jehova» (Ezequiel 38:20-23).

Cuando eso suceda, el mundo no tendrá duda de que Dios peleaba por Israel, y verán cuán grandes, increíbles y sobrenaturales fueron estos juicios. Las naciones entenderán que se trataba de una intervención directa del Dios vivo contra el enemigo de la rectitud y de la justicia.

> «He aquí yo estoy contra ti, oh Gog, príncipe soberano de Mesec y Tubal. Y te quebrantaré, y te conduciré y te haré subir de las partes del norte, y te traeré sobre los montes de Israel; y sacaré tu arco de tu mano izquierda, y derribaré tus saetas de tu mano derecha.
> Sobre los montes de Israel caerás tú y todas tus tropas, y los pueblos que fueron contigo; a aves de rapiña de toda especie, y a las fieras del campo, te he dado por comida» (Ezequiel 39:1-4).

Como ejemplo de lo que ha pasado en las guerras árabe-israelíes, las cosas humanamente inexplicables y sorprendentes podrán suceder otra vez en los ejércitos de Gog. Aviones y tanques se averiarán en plena batalla sin ninguna razón (quitaré el arco de tu mano izquierda, y derribaré tus saetas de su mano derecha), y los soldados se paralizarán por miedo de las tropas israelíes.

El fuerte lenguaje profético también muestra que Dios tratará a Rusia como una bestia, poniéndole sus anzuelos y llevándola a ser juzgada y castigada en los montes de Israel.

Es interesante observar que el Señor especifica un número de anzuelos: seis. Este número, según los teólogos, es el número del hombre, que fue creado en el sexto día y que debe trabajar seis días en la semana (Génesis 1:26, Éxodo 20:9, 23:12, 31:15, Lucas 13:14, etc.), como veremos en el capítulo 9. En resumen, los seis anzuelos se ajustan perfectamente a Gog y las demás personas que le seguirán, libremente o bajo presión.

Las armas de los invasores

Leemos en la Palabra de Dios una descripción del material utilizado en la fabricación de las armas de guerra que serán utilizadas por Gog:

> «Y los moradores de las ciudades de Israel saldrán, y encenderán y quemarán armas, escudos, paveses, arcos y saetas, dardos de mano y lanzas; y los quemarán en el fuego por siete años. No traerán leña del campo, ni cortarán de los bosques, sino quemarán las armas en el fuego; y despojarán a sus despojadores, y robarán a los que les robaron, dice Jehová el Señor» (Ezequiel 39:9-10).

Transcribimos un interesante comentario de un excelente periódico evangélico portugués:

> «La palabra profética de Dios no tiene fallas en su descripción, en el final de la dispensación actual. En *The Mount Zion Report* [Reporte del Monte de Sión], John Weston presenta un material llamado Lignostone, con el cual los rusos fabrican decenas de miles de objetos diferentes para la guerra. Todo para la invasión del Oriente Medio. Él cita Ezequiel 39:9-10 acerca de las armas rusas que Israel utilizará como combustible por siete años.
>
> Lignostone es semejante a 20-30 piezas de madera contrachapada ajustada por una potencia tremenda de vapor. Es una invención holandesa y queda más fuerte que el acero, más elástica que los muelles del mismo material y quema mejor que el carbón. Los holandeses lo utilizan en sus fábricas de gas; los ingleses en las ruedas de sus enormes

carros de carga, y los rusos como material de guerra para aviones, tanques, cañones y otros.

Este es el material que Israel utilizará, según la profecía de 2500 años atrás, como combustible durante siete años». (53)

¡Ah, si los rusos supiesen lo que les espera en Israel! Será el desenmascaramiento público de Rusia.

Debido al hecho de ser Joel el profeta de las grandes señales de los tiempos finales y de las batallas finales de la consumación de los siglos, es posible que él esté comentando el fin humillante de Rusia tras el atentado fallido contra Israel, cuando afirma:

> «Y haré alejar de vosotros al del norte, y lo echaré en tierra seca y desierta; su faz será hacia el mar oriental, y su fin al mar occidental; y exhalará su hedor, y subirá su pudrición, porque hizo grandes cosas» (Joel 2:20).

Este lenguaje podría significar un pequeño y pobre territorio que abarca los desiertos de Siberia, entre el Mar de Bering y el Océano Ártico.

7

EL NUEVO IMPERIO ROMANO

«Y en los días de estos reyes el Dios del cielo levantará un reino que no será jamás destruido, ni será el reino dejado a otro pueblo; desmenuzará y consumirá a todos estos reinos, pero él permanecerá para siempre» (Daniel 2:44).

COMO INTRODUCCIÓN A ESTE Y OTROS CAPÍTULOS, consideramos necesario una palabra sobre los diversos sistemas de interpretación de la profecía bíblica aceptados por los cristianos actuales. Es evidente que la situación mundial evoluciona más de acuerdo con el método futurista preferido por la mayoría de los estudiosos de la Palabra de Dios. Respecto a este sistema y sus implicaciones teológicas hablaremos poco, por no ser este el objetivo principal de este trabajo. Nuestra intención es analizar la profecía de Ezequiel con respecto a Gog, lo que prácticamente ya hicimos. Sin embargo, interrumpir nuestras consideraciones aquí sería dejar a los lectores a lo largo del camino, pues la caída de Rusia (creemos) provocará profundos cambios en el mundo político y religioso, algunos de los cuales ya se pueden sentir.

Pasemos ahora la apreciación de las principales escuelas escatológicas:

Pretérita
Interpreta las profecías de Daniel y del Apocalipsis como si ya se hubieran cumplido, con la excepción de unas pocas. Esa forma de interpretación ha sido generalmente aceptada por la Iglesia romana, por los teólogos protestantes liberales, y por los que rechazan las dispensaciones.

En la visión pretérita de las profecías, casi todo el libro de Daniel se ha cumplido durante el periodo interbíblico (antes de Cristo) y el Apocalipsis, en su totalidad; se cumplió en los tres primeros siglos de la era cristiana. Siendo así, la septuagésima semana de Daniel tuvo secuencia inmediata en la sexagésima novena y su cumplimiento sucedió en casi dos mil años.

Progresista
Como su nombre lo indica, interpreta Daniel y Apocalipsis como el desarrollo histórico del mundo. Este método nació en la Reforma Religiosa (protestante) del siglo dieciséis y alcanzó su cenit con las predicaciones de William Miller en el siglo XIX. Esta escuela busca los cumplimientos proféticos en los grandes eventos como por ejemplo en el papado, en la Reforma, en la Revolución Francesa, etc. Sus seguidores llegaron a anotar varias fechas para el regreso de Cristo, la principal entre ellas fue la del 22 de Octubre de 1844.

Fue tan grande la decepción de aquellos que sinceramente esperaban el regreso de Cristo, que desde entonces solo los adventistas, testigos de Jehová y otros grupos pequeños todavía divulgan este tipo de interpretación, aunque con divergencias.

Futurista

Según esta escuela, casi todas las profecías de Daniel y Apocalipsis se cumplirán durante los siete años después del rapto de la Iglesia, que a la vez, sucederá de repente.

La interpretación futurista enseña que la invasión de Israel por Gog y sus aliados sucederá en el inicio o en la víspera de la última semana (año), y causará la formación de un nuevo Imperio romano, de donde surgirá la primera Bestia. Esta hará un pacto con Israel, pero romperá el pacto a la mitad de la semana, dando lugar a la Gran Tribulación que solo terminará con la venida de Jesús que vendrá con gran poder y gloria, para la inauguración de su reino milenario en la tierra.

Entre los pasajes bíblicos que refuerzan la interpretación futurista encontramos las palabras de Zacarías 14:2-4, 9 que dice:

> «Porque yo reuniré a todas las naciones para combatir contra Jerusalén; y la ciudad será tomada, y serán saqueadas las casas, y violadas las mujeres; y la mitad de la ciudad irá en cautiverio, mas el resto del pueblo no será cortado de la ciudad. Después saldrá Jehová y peleará con aquellas naciones, como peleó en el día de la batalla. Y se afirmarán sus pies en aquel día sobre el monte de los Olivos, que está en frente de Jerusalén al oriente; y el monte de los Olivos se partirá por en medio, hacia el oriente y hacia el occidente, haciendo un valle muy grande; y la mitad del monte se apartará hacia el norte, y la otra mitad hacia el sur. [...] Y Jehová será rey sobre toda la tierra. En aquel día Jehová será uno, y uno su nombre».

El sistema futurista todavía enseña que la Iglesia es un paréntesis en la cadena profética de las setenta semanas (años)

(Daniel 9:24-27), que abarca el período comprendido entre el 445 a. C. hasta el 32 d. C., y más siete años por venir, después de la ascensión de la Iglesia. Cualquiera que sea la opinión del lector, los hechos narrados a continuación son dignos de un análisis imparcial a la luz de la Palabra de Dios, pues constituyen una advertencia solemne de que la venida del Señor está cerca.

¿Estados Unidos de Europa?

Un periódico de São Paulo (Brasil) publicó una historia de gran interés para aquellos que esperan el cumplimiento de las profecías bíblicas. Bajo el título «Propuesta a la unión total de Europa», informó así el importante matutino:

> «El primer ministro belga, Leo Tindemans propone la transformación de la Comunidad Económica Europea en una "auténtica" unión de Europa, que sea el embrión de una superpotencia con más de trescientos millones de personas. El Documento… ha desencadenado un debate que la agencia *France Press* considera "uno de los más apasionados del siglo [veinte] en Europa".
>
> Bonn y París acogió con satisfacción el informe de 80 páginas elaborado por Tindemans que fue pedido por sus colegas de la CEE en 1974. Terminado el 31 de diciembre, entregó las copias a los demás miembros de la Comunidad Europea…» (54)

Siete años más tarde, el 1 de enero de 1981, aparece el décimo país de la Comunidad Europea, Grecia, así como las uñas de bronce, de acuerdo con Daniel 7:19. En enero de 1999, por fin se consolida el sueño de Tindemans y de muchos líderes europeos.

La Comunidad Europea inaugura con gran éxito su moneda única, el euro. Se forma entonces el nuevo Imperio romano. Esto paso fue de una importancia tal que ni siquiera se puede comparar con la que fue dada por Julio César durante más de veinte siglos atrás, cuando expandió y consolidó las fronteras de su imperio. En aquel momento la unión se obtuvo a través de batallas sangrientas, mientras que hoy la fusión de las naciones ocurre a través de la renuncia del nacionalismo intransigente y la entrega a una batalla pacífica: de libre comercio.

La gran potencia europea está creando así las condiciones necesarias para el surgimiento del futuro dictador mundial.

El nuevo Imperio romano

La invasión de Palestina por parte de Rusia y sus aliados es en el contexto uno de los acontecimientos más importantes de los últimos tiempos, predichos por la profecía bíblica; entre ellos, la unión europea y la aparición de las dos bestias: el dictador y el Anticristo. Creo que después de la invasión rusa y su desastroso final en las montañas de Israel, los europeos occidentales «en la expectación de las cosas que sobrevendrán en la tierra» (Lucas 21:26), se unificarán por medio del miedo.

De esta unión de los países que constituyen el Imperio romano restaurado, quedarán fuera los rusos y el pueblo europeo identificado como Gomer, además de otros, que son: los persas, los armenios, los etíopes y los libios. De todos los pueblos que seguirán a los rusos en la invasión de Israel, los descendientes de Gomer han sido los más difíciles de establecer claramente en la Europa de hoy. Las opiniones indican que podrían ser los alemanes del este (la antigua Alemania oriental); los húngaros, checos y los eslovacos, los cuales integraron la ex Unión Soviética.

El renacimiento del Imperio romano, con un dominio mundial será la concretización del deseo de los ecuménicos, sincretistas y científicos nucleares modernos, predicadores de una sola religión y un solo gobierno mundial. Algunos discursos de Barak Obama, presidente de EE.UU., citan la necesidad de un gobierno mundial.

Incluso Stanley Jones, popular autor de libros de devoción de gran aceptación entre los evangélicos, respalda a una especie de federación de las naciones. Él dice:

> «La dificultad que se presenta como un problema global está, por lo tanto, cruda y desnuda delante de nosotros: ¿delegarán las naciones su soberanía a una unión federativa mundial, o negarán delegarla, seguirán confiando en alegaciones, pactos, tratados y cartas? Todas las cuestiones son secundarias y marginales. Esta es central. Si el libre albedrío no delegare su soberanía e independencia en favor de la paz, de muy mala gana la legarán a favor de la guerra». (55)

En nuestros días, diversas sectas de Oriente y Occidente predican la necesidad de un gobierno mundial como la única manera de evitar el desastre total de la humanidad, en especial el Consejo Mundial de Iglesias, que ya tiene una considerable influencia en el mundo político y religioso, por hablar en nombre de más de medio millón de seres humanos que han estado predicando el mismo mensaje.

Shoghi Effendi, el Guardián de la Fe Bahá'í, secta oriental, que está siendo ampliamente propagada en occidente y en todo el mundo, describe el modelo de gobierno mundial, predicado por su religión:

«La unidad de la humanidad (tal como lo concibe Bahá'u'lláh) incluye la creación de una comunidad mundial en la que todas las naciones, razas, credos y clases estén estrecha y permanentemente unidas, y en la cual la autonomía de los Estados que la componen, la libertad y la iniciativa personal de los miembros individuales de estos estén garantizados de forma total y definitiva. Esta comunidad mundial debe cubrir, de acuerdo con nuestro concepto, una legislatura mundial, cuyos miembros, representantes de toda la humanidad, controlarán todos los recursos de las respectivas naciones componentes y crearán leyes que sean necesarias para regular la vida, satisfacer las necesidades y ajustar las relaciones de todas las razas y pueblos entre sí.

Un ejecutivo mundial, respaldado por una fuerza internacional tomará las decisiones del mundo legislativo, aplicará las leyes establecidas por el mismo y salvaguardará la unidad orgánica de toda comunidad mundial. Un tribunal mundial adjudicará cualquier controversia que pueda surgir entre los diversos elementos constituyentes de este sistema universal, con su decisión irrevocable...

Un idioma mundial será creado o elegido de entre las lenguas existentes y enseñado en todas las escuelas de todas las naciones, como una ayuda para el idioma nativo. Una escritura mundial, una literatura mundial, un sistema uniforme y universal de moneda, de pesos y medidas, simplificarán y facilitarán el intercambio y el entendimiento entre las naciones y razas de la humanidad». (56)

En los círculos científicos, esta tesis nació poco después de la explosión de la primera bomba atómica en 1945, y su gran defensor fue Albert Einstein, uno de los padres de la terrible arma. Einstein propuso en 1957 la creación de un gobierno mundial efectivo, y hasta dotado de poder militar. Él creía que solo una institución supranacional como ésta sería capaz de evitar una guerra nuclear. En una carta escrita a un editor de Tokio, él dice:

«No hay ninguna duda de que si nosotros permitimos ocurrir una nueva guerra, gran parte de la humanidad será destruida, las ciudades se convertirán en ruinas e incluso la tierra será envenenada. Tal desastre solo puede evitarse mediante la creación de un gobierno mundial que tendría a su disposición todas las armas, así como el control de las instituciones. Tendría facultades legales para bloquear todos los casos, que hasta el momento, lleva a la guerra.

La creación de un gobierno mundial con poderes tan amplios solo será posible si los pueblos de todos los países entendieren perfectamente que no existe medio más económico y más en armonía con el pensamiento político tradicional de las naciones. Es necesario un trabajo de educación paciente e intensivo en todos los países para que sea posible tal cambio fundamental, que deberá ser llevado a cabo antes de que sea demasiado tarde...

Nuestra misión principal es siempre la de convencer a la gente de que la Federación Mundial representa su única esperanza para el futuro. Si fuéremos capaces de difundir esta creencia, su realización no tropezará en dificultades técnicas». (57)

A la luz de la Palabra de Dios, el mundo debe inclinarse cada vez más hacia este gobierno internacional. Y esta tendencia se acelerará en la medida en que sucedan los próximos eventos en el

Medio Oriente, donde convergen la atención actual y los intereses de las naciones. La reprobable actitud de Rusia, al levantarse cobardemente contra una región desarmada y que descansa en paz, motivará los pueblos a optar por un gobierno mundial como, siendo esta, la única alternativa contra el terrible mal de una conflagración nuclear generalizada.

Las Escrituras dicen que de este «nuevo» mundo emergerá el «hombre fuerte» de la paz, el falso Mesías, el Cristo del Diablo. La Biblia dice, sin embargo:

> «Que cuando digan: Paz y seguridad, entonces vendrá sobre ellos destrucción repentina, como los dolores a la mujer encinta, y no escaparán» (1 Tesalonicenses 5:3).

Testimonio de Daniel

En la importante y horrible estatua mostrada en un sueño a Nabucodonosor, rey de Babilonia, está representado el poder político de las naciones. En él, el monarca vio el desarrollo de la historia de los grandes imperios mundiales simbolizados en los elementos que la constituía.

La cabeza de oro era el poder de Babilonia (608-538 a. C.), nunca igualado. El pecho y los brazos de plata se refieren al dominio de los medos y persas (538-331 a. C.), que, aunque siendo más extenso que el anterior, fue, sin embargo, menor en magnificencia. El vientre y los muslos de bronce representan el gobierno del tercer mundo, Griego (331-168 a. C.) y, por último, las piernas de hierro y los pies; parte de barro y parte de hierro, caracterizan la cuarta potencia mundial, la romana (168 a. C. - ...), en cuyo mandato nació nuestro Señor Jesucristo.

La Biblia dice que los diez dedos de los pies de la estatua representan el número de los países remanentes de la férrea potencia de los Césares, naciones que están levantándose hoy en día en Europa occidental, mostrando los contornos de un nuevo Imperio romano, de donde vendrán las dos Bestias.

Daniel, fiel intérprete de los hechos revelados por Dios a Nabucodonosor, concluye:

> «Así como viste el hierro mezclado con barro, se mezclarán por medio de alianzas humanas; pero no se unirán el uno con el otro, como el hierro no se mezcla con el barro. Y en los días de estos reyes el Dios del cielo levantará un reino que no será jamás destruido, ni será el reino dejado a otro pueblo; desmenuzará y consumirá a todos estos reinos, pero él permanecerá para siempre, de la manera que viste que del monte fue cortada una piedra, no con mano, la cual desmenuzó el hierro, el bronce, el barro, la plata y el oro.
> El gran Dios ha mostrado al rey lo que ha de acontecer en lo por venir; y el sueño es verdadero, y fiel su interpretación» (Daniel 2:43-45).

La piedra referida por Daniel es Cristo, que dijo:

> «¿Nunca leísteis en las Escrituras: La piedra que desecharon los edificadores, ha venido a ser cabeza del ángulo. El Señor ha hecho esto, y es cosa maravillosa a nuestros ojos? [...] Y el que cayere sobre esta piedra será quebrantado; y sobre quien ella cayere, le desmenuzará» (Mateo 21:42, 44).

Pedro confirma esta misma doctrina, cuando escribe:

«Acercándoos a él, piedra viva, desechada ciertamente por los hombres, mas para Dios escogida y preciosa» (1 Pedro 2:4).

Al rechazar a su Mesías, los judíos tropezaron en la piedra y se hicieron pedazos, siendo dispersados y perseguidos por todo el mundo. Pero durante el gobierno mundial del Anticristo, cuya plataforma será el nuevo Imperio romano, la piedra caerá y reducirá todo en polvo.

Daniel insiste que los pueblos representados por los dedos de los pies de la estatua «se mezclarán a través del matrimonio, pero no se unirán el uno con el otro, así como el hierro no se mezcla con el barro».

De hecho, hubo tiempos atrás cuando la mayoría de los monarcas europeos eran miembros de una misma familia, pero aún así, la unificación de Europa siguió teniendo barreras enormes. En el siglo XIX, eran muchos los matrimonios entre príncipes y princesas que la reina Victoria de Inglaterra en Irlanda (1837-1901), y el rey Cristiano VIII de Dinamarca (1863-1906), quedaron conocidos como los abuelos de Europa. Durante la Primera Guerra Mundial, el rey de Inglaterra, el Zar de Rusia y el káiser de Alemania eran primos entre sí.

Por el poder de las armas tampoco se consiguió levantar un nuevo imperio de las cenizas del viejo, y los esfuerzos de las hordas árabes, turcas y tártaros, bien como las campañas ardientes de Carlomagno, Otón, Carlos V, Felipe II, Luis XIV, Napoleón I, Guillermo II, y Hitler fueron todas infructuosas.

A pesar de los fracasos del pasado, la Unión Europea es hoy una tremenda realidad. Un paso importante en esta dirección fue dado el 1 de julio de 1979 con la elección del Parlamento Europeo. En ese momento, el sesenta por ciento de los ciento ochenta millones de votantes de los nueve países miembros eligieron sus 410 representantes.

Desde 1979 varios y decisivos pasos han sido tomados en dirección del objetivo establecido por Carlomagno en el siglo VIII: La Unidad Europea. Como recordamos, el famoso hijo de Pipino el Breve, extendió el dominio de los francos por medio de las armas, soñó con una Europa unida y fue coronado por el Papa León III el 25 de diciembre de 800 como emperador de los romanos. Estaba fundado así en el Occidente un nuevo imperio, el rival del este. Pero el gran guerrero y estadista murió en el año 814 y su imperio comenzó a debilitarse.

Aunque el número de países miembros de la Comunidad Europea es ahora mayor que el número de pueblos predichos en la Biblia, el décimo país a unirse a la Comunidad Europea fue aquel que estuvo representado por las uñas de bronce de los dedos: Grecia (Daniel 7:19).

Daniel deja claro que el número final de las naciones que formarán el imperio romano en los tiempos finales serán diez. La misma profecía se encuentra también en el libro de Apocalipsis:

> «Me paré sobre la arena del mar, y vi subir del mar una bestia que tenía siete cabezas y diez cuernos; y en sus cuernos diez diademas; y sobre sus cabezas, un nombre blasfemo. […] Después vi otra bestia que subía de la tierra; y tenía dos cuernos semejantes a los de un cordero, pero hablaba como dragón. Y ejerce toda la autoridad de la primera bestia en presencia de ella, y hace que la tierra y los moradores de ella adoren a la primera bestia, cuya herida mortal fue sanada» (Apocalipsis 13:1, 11-12).

De acuerdo con la interpretación que el propio ángel dio a Juan, las siete cabezas son las siete colinas donde se asienta la primera bestia, es decir, la ciudad de Roma, conocida mundialmente por sus siete colinas. Los diez cuernos son diez reyes (reinos), correspondientes a los diez dedos de los pies de la estatua de Daniel 2, que muestra que el antiguo Imperio romano será restaurado en estos últimos días para ser reducido a polvo por la Piedra.

El profeta Daniel no deja ninguna duda a este respecto, afirmando que los diez dedos de los pies de la estatua, o los diez cuernos de la cuarta terrible bestia serán destruidos por la Piedra (Daniel 7:7-8). Y como esta Piedra, que es Cristo, todavía no se ha manifestado con poder y gran gloria, el cumplimiento de esta profecía está por suceder.

Algunos intérpretes históricos del Apocalipsis procuran ver en el Papa la primera Bestia y la segunda en los Estados Unidos. Sin embargo, estas hipótesis no tienen fundamento bíblico. Roma papal es identificada en el capítulo 17 del Apocalipsis, mientras que el capítulo 13 se refiere al Imperio romano restaurado, inicialmente con sede en Roma o directamente influenciados por esta ciudad.

No es mi interés dogmatizar este tema tan controversial. Solo enfatizo el punto de vista de los eruditos en escatología bíblica, inclusive el mío. Creo, sin embargo, que cuando estas cosas estén sucediendo aquí, la Iglesia (la Esposa fiel del Cordero) ya habrá sido arrebatada para recibir al Señor en el aire. «Porque el Señor mismo con voz de mando, con voz de arcángel, y con trompeta de Dios, descenderá del cielo; y los muertos en Cristo resucitarán primero. Luego nosotros los que vivimos, los que hayamos quedado, seremos arrebatados juntamente con ellos en las nubes para recibir al Señor en el aire, y así estaremos siempre con el Señor» (1 Tesalonicenses 4:16-17).

8

ELIMINANDO LAS DUDAS

¡Sabéis distinguir el aspecto del cielo, mas las señales de los tiempos no podéis! (Mateo 16:3)

MUCHOS SE CONFUNDEN CON LOS PASAJES BÍBLICOS SOBRE las guerras planeadas para los últimos tiempos. Las Escrituras hacen referencia sobre estas grandes batallas:

1. La batalla de Gog, se trabará sobre todo en los montes de Israel, aunque hay referencia a los grandes enfrentamientos navales.

2. La batalla del Anticristo, sucederá en el valle de Armagedón, después del rapto de la Iglesia y antes de la instauración del Milenio, en el final de la septuagésima semana de Daniel.

3. El intento de Satanás al final del milenio de atacar la ciudad amada, se verá frustrado por Dios, que intervendrá en defensa de sus santos.

Eliminando las dudas

También defenderemos en este capítulo la tesis de que la iglesia no pasará por la gran tribulación, con base en innumerables y claros pasajes bíblicos. Con suerte esperamos, no la tribulación, sino la compañía bendita de la persona de nuestro Señor Jesucristo. En la interpretación de Gog como el anticristo de la profecía bíblica algunos comentaristas concluyen que las palabras de Ezequiel en los capítulos 38 y 39 deberán ser cumplidas únicamente después del rapto con base en este pasaje:

> «Y ahora vosotros sabéis lo que lo detiene, a fin de que a su debido tiempo se manifieste. Porque ya está en acción el misterio de la iniquidad; sólo que hay quien al presente lo detiene, hasta que él a su vez sea quitado de en medio. Y entonces se manifestará aquel inicuo, a quien el Señor matará con el espíritu de su boca, y destruirá con el resplandor de su venida» (2 Tesalonicenses 2:6-8). (58)

Sin embargo, este texto se refiere a la manifestación del Anticristo, que Gog es solo un precursor, al igual que Antíoco Epífanes, Adolfo Hitler y otros. El Anticristo no es un pueblo, o una confederación de naciones, sino un hombre. El apóstol dijo eso claramente:

> «Nadie os engañe en ninguna manera; porque no vendrá sin que antes venga la apostasía, y se manifieste el hombre de pecado, el hijo de perdición, el cual se opone y se levanta contra todo lo que se llama Dios o es objeto de culto; tanto que se sienta en el templo de Dios como Dios, haciéndose pasar por Dios. Inicuo cuyo advenimiento es por obra de Satanás, con gran poder y señales y prodigios mentirosos, y con todo engaño de iniquidad para los que

se pierden, por cuanto no recibieron el amor de la verdad para ser salvos» (2 Tesalonicenses 2:3-4, 9-10). (59)

Por lo tanto, se deduce de la discusión anterior que el Anticristo será un judío, y no ruso, su trono terminará en Jerusalén y no en Moscú; emergerá como el salvador del mundo y el mesías de los judíos, en cumplimiento de las palabras de Jesús: «Yo he venido en nombre de mi Padre, y no me recibís; si otro viniere en su propio nombre, a ése recibiréis» (Juan 5:43). Gog será derrotado en los montes de Israel, y no ocupará el trono de David en la Ciudad Santa. La confusión de muchos se debe al siguiente texto del Apocalipsis, que dice:

> «Y saldrá a engañar a las naciones que están en los cuatro ángulos de la tierra, a Gog y a Magog, a fin de reunirlos para la batalla; el número de los cuales es como la arena del mar» (Apocalipsis 20:7-10).

Pero Gog y Magog tienen un sentido diverso aquí, ya que simbolizan los enemigos declarados del pueblo de Dios, que marcharán en contra de la Nueva Jerusalén (no la ciudad vieja), bajo el mando de Satanás (no el Anticristo), al final del milenio (y no antes). Padre Vieira, analizando los textos de Ezequiel y Apocalipsis relacionados con Gog y Magog, dice que el hecho de que Apocalipsis se refiera a estas personas como procedentes de las cuatro partes del mundo y capaces de entrenar un ejército, demuestra que el apóstol Juan se refiere a diferentes pueblos de los que Ezequiel menciona. Aquellos vienen específicamente de su tierra, que se encuentra en el norte de Palestina. (60)

En resumen, las Escrituras se refieren a dos batallas importantes, a saber: a) la batalla de Gog sobre los montes de Israel, que podrá acontecer de forma inmediata antes del rapto de la Iglesia como inmediatamente después, y b) la batalla de las dos Bestias en el valle Armagedón, después del rapto de la Iglesia y antes de que el Milenio sea establecido, al final de la septuagésima semana profética de Daniel.

Al final del Milenio, Satanás elaborará una batalla contra la nueva Jerusalén, pero no logrará su intención: «Y subieron sobre la anchura de la tierra, y rodearon el campamento de los santos y la ciudad amada; y de Dios descendió fuego del cielo, y los consumió. Y el diablo que los engañaba fue lanzado en el lago de fuego y azufre, donde estaban la bestia y el falso profeta; y serán atormentados día y noche por los siglos de los siglos».

Por último, la depredación de Gog y sus aliados será de carácter político y económico, y no contarán con el apoyo de todas las naciones. Dios mismo los conducirá a tal iniciativa, pues Su nombre será glorificado en su humillante derrota.

Diferentes guerras

Como hemos visto, los capítulos 38 y 39 de Ezequiel no abordan el conflicto del Armagedón, porque este tiene características diferentes y sucederá al final del período conocido en las Escrituras como la gran tribulación. Será un momento de horrible angustia y sufrimiento para todos, pero especialmente para el pueblo judío, antes de su conversión final a Cristo.

Por consiguiente, existe una gran diferencia entre estas dos guerras profetizadas en la Biblia. En Ezequiel, Dios mismo guerreará contra Gog en los montes de Israel, mientras que en el Armagedón todas las naciones se reunirán con un propósito único: «Reuniré a todas las naciones, y las haré descender al valle de Josafat, y allí entraré en juicio con ellas a causa de mi pueblo, y de

Israel mi heredad, a quien ellas esparcieron entre las naciones, y repartieron mi tierra» (Joel 3:2). Y más adelante: «Despiértense las naciones, y suban al valle de Josafat; porque allí me sentaré para juzgar a todas las naciones de alrededor» (Joel 3:12). En esta guerra final, nadie va a estar al lado del pueblo de Israel, sino Jesucristo (Joel 3:12, Apocalipsis 19:11), mientras que en la invasión encabezada por Gog algunas naciones desafiarán el poder del Gran Oso. «Sabá y Dedán, y los mercaderes de Tarsis y todos sus leoncillos, te dirán: ¿Has venido a arrebatar despojos? ¿has reunido tu multitud para tomar presa, para quitar plata y oro, para tomar ganados y posesiones, para tomar grandes despojos?» (Ezequiel 38:13, RVA). Sabá y Dedán, los mercaderes de Tarsis y todos los leoncillos parecen indicar claramente a Inglaterra, que tiene el león como su símbolo, y su comunidad de naciones, incluyendo Estados Unidos y Canadá, que fueron inicialmente colonizados por los británicos. «Tarsis» es una palabra derivada de Tartesus, que era una provincia de España, cubriendo el área ahora conocida como Gibraltar, perteneciente al Reino Unido.

Hay todavía algunos contrastes más:

1. En la primera guerra, el objetivo principal será tomar el botín; en la segunda, el objetivo será destruir a los judíos y provocar a Dios.

2. En la batalla contra Gog, los muertos serán enterrados; en el Armagedón los cadáveres quedarán insepultos (Ezequiel 39:12, Apocalipsis 19:18).

3. En la invasión del Oriente Medio, predicho por Ezequiel, la confederación del norte será la provocadora de la guerra, pero en la batalla final en el valle de Josafat, la provocación

saldrá del Anticristo y de todas las naciones (Ezequiel 39:12, Apocalipsis 19:18).

4. En la primera batalla los rusos estarán motivados por el odio a los judíos; en la segunda batalla, el odio del Anticristo y de todas las naciones será contra Dios, Jesús y Jerusalén (Zacarías 13:2).

5. Sin embargo, «…el Cordero los vencerá, porque él es Señor de señores y Rey de reyes; y los que están con él son llamados y elegidos y fieles» (Apocalipsis 17:14).

¿Redención o tribulación?

La Biblia no dice si la Iglesia seguirá aquí durante el intento de ocupación de Palestina por parte de Rusia, pero sugiere que esto podría ocurrir justo antes o un poco después del rapto, como hemos dicho. El colapso de los ejércitos rojos en la Tierra Santa precipitará una serie de medidas políticas y religiosas en todo el mundo, y preparará el mundo en todos sus aspectos, para el cumplimiento de las predicciones bíblicas para esta época del fin.

Si hay diferencias en algunos puntos de menor importancia, sin embargo, la mayoría de los estudiantes de la Biblia están perfectamente de acuerdo en esto: la Iglesia no debe esperar la gran tribulación (la ira venidera) sino el éxtasis glorioso. «Porque no nos ha puesto Dios para ira, sino para alcanzar salvación por medio de nuestro Señor Jesucristo» (1 Tesalonicenses 5:9).

En Apocalipsis, el Señor Jesús dice:

«Por cuanto has guardado la palabra de mi paciencia, yo también te guardaré de la hora de la prueba que ha de venir sobre el mundo entero, para probar a los que moran sobre la tierra» (Apocalipsis 3:10).

Señalando nuestros días, Jesús dijo:

«Cuando estas cosas comiencen a suceder, erguíos y levantad vuestra cabeza, porque vuestra redención está cerca. También les dijo una parábola: Mirad la higuera y todos los árboles. Cuando ya brotan, viéndolo, sabéis por vosotros mismos que el verano está ya cerca. Así también vosotros, cuando veáis que suceden estas cosas, sabed que está cerca el reino de Dios» (Lucas 21:28-31).

La nación de Israel no es solo el centro geográfico del mundo, sino también el centro neurálgico de la política internacional. Incluso en el apogeo de la crisis de Vietnam, cuando la prensa internacional destacaba con fuerza los eventos más importantes del conflicto, para los principales comentaristas y estudiosos de los problemas mundiales, sin embargo, el *barril de pólvora* real fue siempre el Oriente Medio debido a la presencia allí del nuevo y progresista Estado de Israel.

Las grandes potencias, así como prácticamente todos los países del mundo, incluso Brasil, han guiado su conducta de acuerdo con los problemas árabe-israelíes, acerca de los cuales ningún país puede estar verdaderamente neutral.

Esta evolución de los acontecimientos en el mundo político y religioso, el milagroso renacimiento de Israel y la creciente centralización en este pequeño país de las atenciones, intereses y preocupaciones de todos los pueblos, muestran la rápida aproximación del verano profético, que señalan el eminente regreso de Cristo.

9

EL ANTICRISTO

«El hombre de pecado, el hijo de perdición, el cual se opone y se levanta contra todo lo que se llama Dios o es objeto de culto; tanto que se sienta en el templo de Dios como Dios, haciéndose pasar por Dios» (2 Tesalonicenses 2:3-4).

LA BIBLIA DICE Y TODOS LOS ESTUDIOSOS ESTÁN DE acuerdo en un punto: el Anticristo será en realidad un hombre, un verdadero líder, revestido de poderes paranormales. «También hace grandes señales, de tal manera que aun hace descender fuego del cielo a la tierra delante de los hombres. Y engaña a los moradores de la tierra con las señales que se le ha permitido hacer...» (Apocalipsis 13:13-14). Posiblemente, algún tipo de Uri Geller en tamaño muchas veces mayor.

Mucho antes de este joven judío presentarse en la televisión brasileña, tuvo conocimiento de sus logros en otros países y me sorprendió su increíble poder de influenciar personas o cosas. Lo que hizo en Brasil es irrelevante en comparación a las asombrosas manifestaciones de poder demostrado en otros países. El pastor

Gerson Rocha, que investigó el tema, escribió en un diario de São Paulo:

«Todo comenzó cuando él, a los tres años de edad, en 1949 en un jardín árabe, fue golpeado por una luz desde el cielo que lo tiró al césped, la que lo elige para una importante misión en este mundo. Esto es lo que entendemos y constatamos mientras hojeamos las páginas de los libros.

Las asombrosas cosas sobrenaturales que él realiza, adquieren autenticidad porque son reconocidas por inminentes y renombrados científicos de Israel, Europa y de los Estados Unidos, entre ellos el reconocido Werner Von Braun. Todas las pruebas fueron hechas en los laboratorios, preparadas de tal manera que el fraude sería imposible y donde los mejores magos del mundo no pudieron hacer nada.

Entre las innumerables cosas sobrenaturales que él realiza, están: los cambios en las estructuras de metales; la transformación de plomo en oro, el torcer hierro en general, la paralización de las máquinas, incluyendo computadoras, el florecimiento de los botones florales, la desaparición y reaparición de los objetos en lugares imposibles, las semillas germinan y aumentan su tamaño en cuestión de segundos, la tele transportación de objetos, tales como: un objeto, de propiedad del doctor Andrija (autor de uno de los libros sobre Geller), fue trasladado de Nueva York a Israel (10.000 kilómetros de distancia) a la velocidad del rayo.

El mismo Uri Geller fue transportado para Ossining, en una fracción de segundo, estando él en la ciudad de Nueva York, y las dos ciudades están a una distancia de casi 50

El Anticristo

kilómetros una de la otra. ¡Y todo ha sido comprobado de manera irrefutable! Desde Inglaterra, él pudo lograr cosas increíbles en Francia y Noruega. Los gobiernos y los principales líderes del mundo están preocupados por él y han tenido reuniones secretas. Los soldados y oficiales del ejército israelí comenzaron a tener un temor reverente por Uri Geller, y gracias a él y a la situación de Israel, la esperanza en la venida del Mesías de los judíos se reavivó, mientras Andrija se esfuerza por encontrar la manera correcta de transformarlo en un líder fuerte.
Voces nunca grabadas en una cinta de audio jamás utilizada antes, hablan y enseñan a Uri Geller la misión urgente que tiene que desempeñar en el mundo, en relación a la paz y a la destrucción de los poderes bélicos de los hombres, especialmente de armas nucleares; eligen al doctor Andrija Puharich como promotor de Uri en la comunidad científica y el mundo en general, y si autentifican por medio de naves espaciales que visitan constantemente nuestro planeta y se identifican como Los Nueve Principios y se hacen pasar por eneágono (Dios con el nombre Hoova) tratando de imitar, como fue fácil descubrir, el nombre de Jehová, que en hebreo es Iehovah. La más importante de estas naves, ya vista por muchos, se llama Spectra. Ellas explican la aparición de los seres extraterrestres que rodean y protegen a Uri y Andrija». (61)

El pastor Rocha explica que Uri, en hebreo, significa «mi luz», al decir «Uri Geller», el mundo, inconsciente, terminan diciendo «mi luz es Geller».

El mismo Geller, en su autobiografía, narra un incidente que sucedió con el doctor Von Braun:

«Pedí que el Dr. von Braun quitase su grueso anillo de oro del dedo y lo pusiese en la palma de la mano abierta. Empecé a concentrarme en ella. Coloqué mi mano cerca de él, con cuidado de no tocar la mano o el anillo. De pronto el anillo se torció, adquiriendo una forma ovalada. El Dr. Von Braun, admitió que antes estaba escéptico, pero ahora había quedado completamente sorprendido. No se pudo encontrar una explicación para el fenómeno. Más tarde, dijo a un reportero: "Geller dobló mi anillo de oro, mientras estaba en la palma de mi mano, pero sin tocarlo. No entiendo cómo pudo hacer esto. No conozco ninguna explicación científica. Solo sé que el anillo era redondo antes. Ahora es ovalado"». (62)

Al tomar conocimiento de estos hechos, mi mente volvió a la Palabra de Dios y me quedé convencido de que allí estaba, quizás, un precursor del Anticristo, que ejercerá influencia en una escala incomparablemente mayor. Es posible que cuando el nuevo imperio romano comience a ejercer su control sobre las naciones de Europa Occidental, el Anticristo surja asombrando al mundo, dictando soluciones para el caos económico, político, moral y espiritual en que el mismo se encontrará.

Ejemplo de la historia

Tanto en la historia secular como en la bíblica hay abundantes ejemplos de gobernantes que han recibido tratamiento otorgado solo a la divinidad. Desde Nemrod, nieto de Noé, hasta el emperador japonés de nuestros días, muchos hombres y mujeres poderosos pasaron a ocupar el panteón de las naciones paganas. En el imperio medo-persa vemos esta tendencia en la actitud de los

El Anticristo

enemigos de Daniel que adquieren el decreto de Darío según el cual nadie podría orar a cualquier dios, sino al mismo emperador (Daniel 6:1-28).

En los días apostólicos, Herodes Agripa I, vestido de ropas reales, discursaba a los habitantes de Tiro y Sidón, y estos exclamaron: «¡Voz de Dios, y no de hombre!» (Hechos 12:20-23). ¿Habría sido Herodes influenciado por el culto al emperador, que era practicado en todo el mundo romano?

En aquel momento, la supremacía romana había erigido en todas partes templos en honor de los Césares. Ellos adoptaron el título de AVGVSTVS (Augusto), aplicable solo a seres divinos o divinizados. Se dice que cuando un emperador moría, los que dirigían el funeral soltaban un águila que mantenían en oculto, como si esta fuese el alma divina del difunto, que ascendía al cielo. El propósito de todo esto era reforzar la creencia en las masas populares sobre la divinidad del emperador.

No nos sorprende tanto la adoración a los emperadores, debido a que aquellos eran tiempos oscuros. Pero, ¿quién podía suponer que en uno de los países más cultos del mundo, hogar de Kant y Hegel, y de la Ilustración en su totalidad, podría elevar un dictador que vino a ser literalmente adorado como un dios verdadero?

Esto sucedió en la politizada Europa y en la inteligente Alemania. Por eso la ascensión de Adolfo Hitler y la espiritualización de su partido político sirven también para mostrar a todos cuán vulnerables son las democracias y cuán confiables son las predicciones de la Palabra de Dios.

El mismo dictador se refirió al nazismo como una religión superior. Él dijo:

«Todos aquellos que ven en el nacionalsocialismo nada más que un movimiento político no saben mucho al respecto [...] raparemos el barniz cristiano y exhibiremos una religión propia de nuestra raza».

Otro testimonio importante es el de Louis Bertrand, miembro la Academia Francesa. Convertido al nazismo, Bertrand se regocijó en su nuevo mesías:

«¡Qué insuperable! ¿Qué héroe nacional ha sido aclamado, halagado, adorado y venerado como Hitler [...] seguido de su séquito? ¡Esto es algo totalmente diferente de la mera popularidad, esto es religión! ¡A los ojos de sus admiradores, Hitler es un profeta, el partícipe de lo divino!»

El historiador William Shirer, autor del best-seller *Auge y caída del tercer Reich*, escribió acerca de Hitler:

«Hoy en día, tanto como la gran mayoría de sus seguidores compatriotas entienden, él ha llegado a un pináculo nunca antes alcanzado por un rey alemán. Él se ha convertido en (incluso antes de su muerte) un mito, una leyenda, quizás un dios, con los atributos de deidad igual a que los japoneses tributaban a su emperador».

Joseph Goebbels, Ministro de Propaganda del nazismo, una persona de alta cultura, dijo:

«Él es un instrumento creador de muerte y divinidad. Me pongo de pie para él profundamente conmovido [...] reconociéndolo como mi líder. Él es profundo y místico, como un profeta de la antigüedad. Con un hombre así se hace posible conquistar el mundo».

Terminamos esta serie de testimonios con las palabras del doctor Ley, Jefe del Frente de Trabajo Nazista:

«Nuestra fe [...] es el nacionalsocialismo, y esta fe religiosa no tolera ninguna otra fe a su lado».

El Anticristo y el falso Cristo

Hay una clara diferencia entre el Anticristo y el falso Cristo (Mateo 24:24). El falso Cristo no niega la persona de Cristo, sino que explora los sentimientos, el fanatismo y las esperanzas de la gente con respecto a esa persona, y como blasfemo que es, afirma ser él mismo el Cristo esperado y que vino a cumplir todas las promesas de Dios contenidas en las Escrituras. El Anticristo niega que hay un Cristo, mientras que el falso Cristo no niega la existencia del Cristo, pero afirma ser el Cristo.

El mundo, especialmente en los últimos tiempos, ha experimentado cientos de falsos Cristos. En 1986, en una conferencia pronunciada en Ámsterdam, Billy Graham dijo que había más de 400 falsos Cristos solo en la ciudad de Los Ángeles.

La idea de la oposición directa a Cristo parece ser más una característica de la primera bestia (la fuerza política), que de la segunda bestia, que procurará imitar y falsificar al verdadero Cristo. Si tuviéramos que identificar a una de las bestias con el Anticristo, sería más razonable identificarlo con la segunda bestia, aunque el espíritu de las dos Bestias sea el de un «anticristo» en el verdadero sentido de la palabra.

«Puede ser que Juan, al utilizar el término "anticristo" se refiriese al espíritu y al sistema corrupto de rebelión, de anarquía y de blasfemia que caracterizarían a las dos

Bestias (2 Tesalonicenses 2:7). Este mismo espíritu de iniquidad, característico del Anticristo, actúa hoy en día; y el que niega a Cristo, está caminando en el mismo sistema de apostasía y de rebelión que finalmente culminará con la manifestación de las actividades abominables de ambas bestias.

La primera bestia fingirá un pacto con Israel, cediendo la tierra que les pertenece, y luego, en la mitad de las setenta semanas de Daniel, romperá su promesa y comenzará una gran persecución contra el mismo Israel» (Daniel 9:27). (63)

El Anticristo prometerá no solo una solución para el mundo, pero le será acreditado a los ojos de todos, por su alto poder de liderazgo. Será recibido por los judíos no solo como el Salvador del mundo, sino también como su mesías; y luego se sentará en el templo de Dios «deseando parecer a Dios».

El número de la Bestia

El apóstol San Juan cierra su descripción sobre bestia que subía de la tierra con un verdadero enigma: «Aquí hay sabiduría. El que tiene entendimiento, cuente el número de la bestia, pues es número de hombre. Y su número es seiscientos sesenta y seis» (Apocalipsis 13:18).

Las letras, tanto en griego como en hebreo, tienen un valor numérico, no de la misma manera que en el latín que tiene apenas seis consonantes y una vocal (I = 1, V = 5, X = 10, L = 50, C = 100 y D = 500) que constituyen el sistema numérico romano. Sin embargo, es significativo que la suma de estas letras romanas sea: 666

D = 500	L = 50	V = 5
C = <u>100</u>	X = <u>10</u>	I = <u>1</u>
600	60	6 = 666

Algunos piensan que, aunque Juan haya escrito en griego, hacía referencia a la numeración hebrea; otros opininan que la bestia sería distinguida en la escritura griega, y, finalmente, hay un tercer grupo que busca aplicar el 666 a los conocidos enemigos de la iglesia ocultos en los guarismos romanos.

Bossuet utiliza la gematría para explicar que el terrible perseguidor de la Iglesia, Diocleciano, era Diocles.

> «Para hacer de aquí el emperador que San Juan designó por Bestia, no es necesario reunir más que su nombre particular Diocles, a su calidad Augustos, que los emperadores de hecho reunían a sus nombres. Una vez hecho esto, solo en un golpe de vista aparece en las letras de los latinos (lo que es apropiado hacer, ya que se trata de un emperador romano) el número 666, Diocles Avgvstvs, DCLXVI. He aquí el gran perseguidor, que San Juan representó de muchas maneras. He aquí lo que Juliano hizo revivir: por eso se marca su nombre en lugar del de Juliano». (64)

También de acuerdo con este método, el Papa ha sido identificado como la Bestia, por causa de los títulos que adopta, algunos de ellos grabados en su tiara papal, y cuya suma resulta en el oscuro y misterioso 666. Éstos son algunos de los títulos papales, en lengua latina: *Vicarivs Filii Dei* (Vicario del Hijo de Dios) y *Vicarivs Generali Dei in Terris* (Vicario de Dios en la tierra). La suma de ambos es 666. Con los mismos números romanos, el sombrío 666 fue aplicado incluso a Ellen Gould White, vidente y profeta del sabatismo, teniendo en cuenta, como se hacía en el pasado, que la «u» y «v» y «w» como dos «vv». Hacemos dicha referencia solo para destacar la amplia aplicabilidad de la obscura señal de la Bestia, tomando como base para el cálculo de la gematría romana. (65)

La Biblia identifica la segunda bestia como un hombre en el sentido estricto de la palabra, y no como una mujer o un sistema político o religioso, como el papado, Consejo Mundial de Iglesias, las Naciones Unidas, Comunidad Económica Europea, etc. A través de los siglos, este método ha sido ampliamente utilizado para encajar a decenas de enemigos y perseguidores del cristianismo y de los judíos, desde la época apostólica hasta nuestros días.

Como 6 es el número del hombre, el 666 sería entonces, como hemos visto, la imperfección máxima y radical del ser humano, una especie de auto suficiencia, extrema y frontal recusa de llegar hasta el 7, que es el número de Dios. De hecho, la Biblia muestra de muchas maneras la relación del hombre con el número 6: el hombre fue creado en el sexto día y debería trabajar seis días en la semana.

En el episodio de David y Goliat, el gigante medía seis codos de altura y tenía una lanza de 600 siclos de hierro. La estatua de Nabucodonosor también presenta el número 6 y sus múltiplos: tenía sesenta codos de alto y seis de ancho (1 Samuel 17:4-7; Daniel 3:1).

En Goliat vemos el hombre en su fuerza, desafiando los ejércitos de Dios y a Dios mismo. En la imagen de oro de Nabucodonosor, el resultado de la soberbia humana y la búsqueda de un nombre para sí mismo. En ambos casos, tanto el gigante filisteo como el rey de Babilonia fueron precursores del Anticristo.

En la opinión de uno de los más grandes maestros de la gematría, E. W. Bullinguer, es ridículo el uso de los guarismos romanos para identificar al Anticristo, ya que para ello tenemos que atenernos solamente «al hebreo y al griego, que no tienen signos arábigos o especiales para cifras». (66)

Rechazando como espuria la gematría romana, Bullinguer ve en 666 el ápice del orgullo humano:

> «Si seis es el número de la perfección secular o humana, entonces 66 es una expresión más contundente de la misma, y 666 es una expresión concentrada. El número 666 es, por tanto, la trinidad de la perfección humana: la perfección de la imperfección: la culminación de la soberbia humana independiente de Dios y en oposición a Cristo». (67)

Según Bullinguer, el número 666 era utilizado en los antiguos misterios paganos como un símbolo secreto asociado con la adoración al diablo. El correspondiente moderno de aquellos misterios es el movimiento de la Nueva Era que une en sí mismo el espiritismo en sus diversas formas, la teosofía, la astrología, la ufología, la masonería y otros grupos ocultistas.

Era común que los antiguos misterios paganos trajeran estampado el número 6, por lo que el gran símbolo secreto era SSS, ya que la letra «s» (estigma) en el alfabeto griego simbolizaba el número seis. Pero esta letra, de una manera peculiar semejante a una serpiente, era misteriosamente colocada en sexto lugar en el orden alfabético en lugar de zeta.

Es curioso que la palabra estigma significa una marca, especialmente una marca hecha con hierro caliente, como se marcaba el ganado, los esclavos o soldados con el fin de identificarlos como propiedad de sus amos, o incluso los devotos que se dejaban marcar como pertenencia de sus dioses. Bullinguer comenta:

«No sabemos por qué esta letra y este número siguen siendo asociados, con la excepción de que ambos estaban estrechamente relacionados con los misterios egipcios. Las tres letras sss fueron el símbolo de Isis, que fue muy bien conectado con el 666. Además, la expresión de este número está en las letras iniciales y finales de la palabra Cristo, o sea, con el símbolo de la serpiente entre ambos». (68)

Otras interpretaciones del 666

Teniendo en cuenta como identificación paralela a la Bestia de Apocalipsis 17:11, que dice:

«La bestia que era, y no es, es también el octavo; y es de entre los siete, y va a la perdición», es posible lograr el mismo resultado, pero por otro camino. El número triangular de ocho es 36, y el triángulo de 36 es 666.

El lector podrá confirmar este hecho adicionando los números 1 al 8 (inclusive) y del mismo modo 1 al 36. Así que, la bestia que es la octava sería el mismo Anticristo. El sistema triangular, ampliamente utilizado en el pasado, conduciría de esta forma al mismo resultado. Según J. J. Von Allmen:

«666 es el número triangular de 36, y a su vez es el triangular de 8, siendo posible establecer una identidad entre 8 y 666. De hecho, encontramos 8 como símbolo de la bestia en Apocalipsis 17:11 […] Tenga en cuenta que el procedimiento gemátrico permitió asumir con el 666 todos los tiranos que en el curso de la historia persiguieron a la Iglesia, permaneciendo de esta forma este número muy vivo a través de la historia». (69)

En mi opinión, el cálculo triangular que conduce al 666 sirve para mostrar el carácter anticristiano de la falsa Iglesia romana, la madre de las prostituciones de la tierra, identificada en el texto en cuestión en el sentido de que el apóstol Juan usa el término anticristo en sus cartas, refiriéndose al error doctrinal. Es conveniente resaltar que la palabra «anticristo» no aparece en el Apocalipsis. A su triple repetición, 666, aplicado al Anticristo (Apocalipsis 13:18), significa la recusa de pasar hasta el 7, que es el número de Dios.

Pero, el 666 representa la trinidad satánica: el dragón, la bestia y el falso profeta, como falsificación y la negación de la Trinidad divina: Padre, Hijo y Espíritu Santo, cuyo número es igual a 777.

¿Un número impreso en la carne?

Sobre la posibilidad de que la marca de la bestia sea grabada en la frente o en la mano, como dice la Biblia, casi nadie duda hoy en día. En nuestros días asistimos a una vertiginosa multiplicación del conocimiento humano. Esto duplicó de 1775 a 1900, después de 1900 a 1950, después de 1950 a 1958 y desde entonces se ha duplicado varias veces.

La rapidez con que se aumenta el conocimiento ha llevado a los científicos a alterar sus previsiones más optimistas para el futuro. La tecnología se ha desarrollado hasta el punto de producir máquinas casi humanas. Solo en las industrias japonesas, decenas de miles de robots reemplazan a los trabajadores en diferentes actividades. Inglaterra trabaja en la producción de miles de máquinas que escuchan, miran, caminan, suben y bajan escaleras, etc.

En muchas áreas este increíble desarrollo ya alcanzó la ciencia ficción, e incluso la ultrapasó, pues todo lo que ya se escribió acerca de un registro general de la población ahora puede realizarse plenamente dentro de las características indicadas en el Apocalipsis, donde se dice que el Anticristo «hacía que a todos, pequeños y grandes, ricos y pobres, libres y esclavos, se les pusiese una marca en la mano derecha, o en la frente; y que ninguno pudiese comprar ni vender, sino el que tuviere la marca o el nombre de la bestia, o el número de su nombre», vv. 16 y 17. El chip «MONDEX», que significa «dinero en la mano derecha», está en plena producción por las industrias electrónicas.

El reverendo Willard Cantelon, que era profesor de escatología en Bruselas, dice:

> «Casi todos los días empezamos a escuchar sugerencias para que cada persona reciba un número de por vida y que este número deba ser impreso de forma permanente en la carne. Escuché en Europa, un orador hablando en una estación de radio en Frankfurt sobre la idea de tatuar en el rostro el número de un hombre. Cuando hecho en la carne, dijo, el número no se perderá, ni podrá ser robado de su propietario.
> En los Estados Unidos, hablé con un amigo que trabajaba en Northwest National Bank. El me habló de los avances que se realizan en los laboratorios, en el sentido de desarrollar una tinta invisible, no tóxica, para ser tatuada en la carne humana, invisible a la luz normal, pero claramente legible bajo una luz especial». (70)

Actualmente está fuera de cualquier duda que la tecnología informática hace posible que se emita para cada persona una sola tarjeta de crédito, y para asegurarlo contra pérdida, robo o falsificación, el número «puede ser fijado fotográficamente en la frente o dorso de las manos visible solo bajo luz ultravioleta».

El Anticristo

Otro testimonio valioso es el de John Wesley Blanco. En su valioso libro prologado por Billy Graham, él dice que «en la actualidad existe un proceso mediante el cual se puede imprimir en forma invisible e indeleble un número en la mano o en la frente por medio de un dispositivo electrónico, y ese número puede ser reconocido por un instrumento, en solo un vistazo». (71)

Muchos opinan que, después de la invasión de Israel por parte de Rusia y su desastroso final en las montañas de Israel, el pueblo de Europa se unificará «por el temor y la expectación de las cosas que sobrevendrán en la tierra» (Lucas 21:26) Y optarán por un gobierno mundial.

Esta opción significará la concretización de las aspiraciones de los ecuménicos, sincretistas, científicos nucleares modernos y de los predicadores de una sola religión y de un solo gobierno en el mundo. La verdadera Iglesia de Cristo, sin embargo, será tomada de la tierra antes de la manifestación de este *premier* del mundo, referido a menudo en la Biblia.

«Cuando estas cosas comiencen a suceder, erguíos y levantad vuestra cabeza, porque vuestra redención está cerca» (Lucas 21:28).

¡Maranata! (Nuestro Señor, viene).

10

RESULTADO FINAL

«Cuando estas cosas comiencen a suceder, erguíos y levantad vuestra cabeza, porque vuestra redención está cerca» (Lucas 21:28).

TODO MUNDO DISFRUTA AUN DEL RESULTADO DE LOS gestos heroicos del presidente egipcio Anuar Sadat, y el primer ministro israelí Menájem Beguín, al superar las barreras que se consideraban insuperables y negociar directamente un acuerdo de paz para sus pueblos. Ambos pagaron con la vida su gesto de paz, pero gracias a ellos, el mundo se vio de pronto frente a un verdadero milagro, al punto de los editorialistas incluso recurrir a la terminología escatológica bíblica para explicar el encuentro de los dos jefes de Estado, antes enemigos, dispensándose intermediarios benignos o malignos, terminando en apretón de manos.

Los resultados positivos de esta reunión histórica produjeron un alivio internacional. El «barril de pólvora» (como se le ha llamado al Oriente Medio) ya se muestra menos explosivo desde el punto de vista estratégico.

A la luz de la Biblia, sin embargo, los montes de Israel, y el Valle de Josafat todavía verán el derramamiento de mucha sangre. Gog y sus aliados se lanzarán sobre la simiente de Abraham para obtener el triunfo no logrado a través de los árabes, y finalmente, después del Rapto de la Iglesia, las dos bestias y sus ejércitos tratarán de aplastar al pueblo de Israel. Después de todo, sin embargo, el «gusano de Jacob» será el ganador, porque Dios luchará por ellos.

Las Sagradas Escrituras no están ajenas a los últimos acontecimientos de la Tierra Santa. La amenaza de Persia (ahora Irán) de destruir a Israel, encaja perfectamente en el contexto profético bíblico, como hemos visto en los capítulos anteriores de este libro.

Con respecto a los otros pueblos del Medio Oriente no aliados de Rusia, es interesante leer lo que Isaías profetizó:

«En aquel tiempo […] los egipcios servirán con los asirios a Jehová. En aquel tiempo Israel será tercero con Egipto y con Asiria para bendición en medio de la tierra; porque Jehová de los ejércitos los bendecirá diciendo: Bendito el pueblo mío Egipto, y el asirio obra de mis manos, e Israel mi heredad» (19:23-25).

Tribulación y gran tribulación

La última semana profética de Daniel, que cubre el período comprendido entre el Rapto y el Milenio, está dividida en dos partes: la primera de tres años y medio será de tribulación, mientras que los restantes tres años y medio serán de gran tribulación.

Es opinión común entre los creyentes que esta última semana de los tiempos de los gentiles será caracterizada por el predominio de una trinidad maligna, que consiste en el Dragón, la primera Bestia y el Anticristo, destacándose este último.

El Dragón será la fuente de todo mal espiritual, el inspirador y el sostenedor de toda iniciativa en las esferas políticas y religiosas. La Bestia encarnará una terrible fuerza política, de orientación satánica, infinitamente superior al poder ejercido por Stalin o Hitler. El tercer elemento identificado en la Biblia como la segunda bestia será el poder religioso apóstata, del tipo recomendado por los ecuménicos y sincretistas de nuestros días.

La Biblia enseña que esta tríada diabólica engañará y seducirá a las naciones, llevándolas a prestar al Dictador y al Anticristo un culto apasionado. Que eso es perfectamente posible, podemos atestiguar en la historia, pues el «Führer» (Hitler), como hemos visto, fue venerado por muchos, y su imagen fue literalmente adorada.

Sin embargo, el gobierno del Anticristo solo ocurrirá durante la segunda mitad de aquella última semana. Las Escrituras dicen:

> «Porque ya está en acción el misterio de la iniquidad; sólo que hay quien al presente lo detiene, hasta que él a su vez sea quitado de en medio. Y entonces se manifestará aquel inicuo, a quien el Señor matará con el espíritu de su boca, y destruirá con el resplandor de su venida; inicuo cuyo advenimiento es por obra de Satanás, con gran poder y señales y prodigios mentirosos» (2 Tesalonicenses 2:7-9).

La gran Iglesia venidera

Podemos observar que en nuestros días esta influencia satánica ya opera en el mundo (el misterio de iniquidad), en particular a través de organizaciones como el Consejo Mundial de Iglesias, que

Resultado final

reúne más de seiscientos millones de personas, y cuyo objetivo principal es la unión de todas las religiones en conflicto, para que el mundo tenga una sola religión. En una palabra, esto significa «sincretismo». El símbolo del CMI es todo en el mismo barco: el catolicismo, el protestantismo, el budismo, el espiritismo, el islam, etc.

Convencidos de la necesidad de que las varias religiones se unan para formar la *gran iglesia venidera*, los ecuménicos modernos no se preocupan con el carácter teológico que esta súper-iglesia venga a adquirir. Para eso, ellos se están dedicando a la depreciación de las doctrinas bíblicas fundamentales, incluso atacando a la persona de Cristo. En Nueva Delhi, en 1961, CMI afirmó, en la persona de uno de sus más destacados líderes:

> «Dentro de la Iglesia Cristiana siempre se ha levantado el peligro de, al tratar de establecer o proclamar el carácter único de su Señor, despreciar y menospreciar todas las demás luces. Este no es el camino de Jesús, de ninguna manera. Él no consideraba el mundo como igualmente oscurecido por todas partes [...] No podemos evitar la piedra de tropiezo que eso puede levantar, fingiendo que Él (Cristo) es la única luz. Él no tiene ninguna intención de competir con las luces del mundo (2 Tesalonicenses 2:7-9). Esta directa blasfemia contra la persona de Cristo y esta grave ofensa a la infalible Palabra de Dios ha sido una constante en los concurridos encuentros internacionales de esa entidad. Es posible percibir que el movimiento ecuménico mundial tiene un objetivo claro y primordial: desacreditar la Biblia y hacer de Jesús un mito.

De esta manera, el CMI pretende nivelar todas las corrientes religiosas del mundo (cristianos y paganos) y luego encajarlas en una súper y única iglesia, bien a gusto del Falso Profeta que vendrá».

Gobierno mundial

Paralelamente a la campaña ecumenista por la creación de una iglesia mundial, se desarrolla hoy en los medios religiosos y políticos un vigoroso movimiento que busca un solo gobierno mundial. La iniciativa surge de la dificultad que tienen los gobiernos libres en solucionar los graves problemas de carestía y la subversión, este último impulsado por los regímenes totalitarios que compiten por la dominación del mundo.

En muchos países, este estado de inseguridad ha llevado al poder dictadores sanguinarios, como ha ocurrido por detrás de la cortina de hierro y de bambú y en todos los continentes. Uganda, Camboya, Libia, Irak y Cuba son solo unos pocos ejemplos de lo que pueden hacer los regímenes de terror.

Si la Segunda Guerra Mundial tuvo como objetivo eliminar la dictadura como forma de gobierno, como se dijo, entonces quedó lejos de alcanzar su meta. Parece que el trágico destino de los pueblos es caer presa de los crueles regímenes totalitarios, hasta llegar, finalmente el dictatorial gobierno mundial de las dos bestias.

Una palabra final

En una ocasión, Jesús reprendió a sus oyentes negligentes con estas palabras: «¡Sabéis distinguir el aspecto del cielo, mas las señales de los tiempos no podéis!» (Mateo 16:3) Luego dijo a Sus discípulos: «Mirad la higuera [Israel] y todos los árboles [otras naciones]. Cuando ya brotan, viéndolo, sabéis por vosotros mismos, que el verano está ya cerca» (Lucas 21:29-30). Con estas

Resultado final

palabras, queda evidente la necesidad de saber qué hora estamos viviendo en el reloj divino, pues el regreso de Jesús puede estar más cerca de lo que pensamos.

Es posible ya escuchar en el mundo, en medio del caos político, social y religioso, el gran clamor de medianoche. «Aquí viene el esposo; salid a recibirle» (Mateo 25:6). La hora es de vigilancia y de discernimiento de las señales de los tiempos. Debemos mantener las lámparas encendidas y llenar nuestros depósitos de aceite, listos para recibir a Aquel que está por venir.

Hay un significado especial hoy de la advertencia de Jesús: «Cuando estas cosas comiencen a suceder, erguíos y levantad vuestra cabeza, porque vuestra redención está cerca» (Lucas 21:28). La Biblia no nos enseña a esperar las señales, sino a Jesús. Él no nos dice: «Cuando estas cosas terminaren de suceder», sino: «comenzaren a suceder». Y por lo que vemos hoy en día, las señales han comenzado a suceder. Guerras y rumores de guerras, terremotos, huracanes devastadores, las naciones se preparan para importantes manifestaciones futuras, el movimiento ecuménico estructurando la Babel, la gran iglesia venidera y el derramamiento del Espíritu Santo sobre el pueblo de Dios da testimonio de la avanzada hora en que vivimos.

Para no extenderme mucho en este campo realmente fértil, vamos a ver exactamente lo que está sucediendo en el campo de la genética, una rama de la biología que se ocupa de la herencia, las diferencias entre los seres vivos, sus causas y las leyes de la transmisión de los caracteres individuales. En 1968, ochenta y dos especialistas, de los más famosos del mundo, establecieron algunas probables fechas para las conquistas genéticas y biomédicas, incluyendo la regeneración de miembros y órganos, el perfeccionamiento de la inteligencia, medicamentos de control mental, trasplantes generalizados, elección de sexo de los hijos, etc.

Mirando las naciones gentiles, vemos que el tiempo ya cubrió toda la estatua profética de Daniel 2, quedando solo el descenso de la piedra que pondrá fin definitivamente al decadente gobierno humano. Como antes de la caída de la piedra debe producirse el rapto y la gran tribulación, realmente estamos viviendo en la generación que podrá experimentar el regreso de Cristo. El imperio romano adquiere sus contornos en Europa, por medio del euro, y desde 2005 se ha hecho posible el control de toda la población del mundo vía satélite.

Querido lector, si usted no tiene la bendita esperanza del eminente regreso de Cristo, que el tema de este libro pueda llevarle a tomar una decisión sabia y urgente. Solo en Jesucristo hay perdón, salvación eterna y perfecta seguridad. Él es el refugio perfecto contra las tormentas que ya amenazan este mundo perdido.
¡Ven, Señor Jesús! ¡Que así sea!

Su esplendor y gloria veremos;
Del mundo, entonces, por fin nosotros saldremos.
Así, gran gozo en el cielo fruiremos;
Jesús pronto viene a buscarnos.
¡Cristo que ha de venir, vendrá! Él no tardará.
¡Sí, Jesús viene! ¡Aleluya!
¡Aleluya! ¡Amén! ¡Aleluya! ¡Amén! (72)

BIBLIOGRAFÍA

1. Suetônio, *A Vida dos Doze Césares*, Atena Editora, São Paulo, pp. 350-351.
2. Joseph-François Michaud, *História das Cruzadas*, Editora das Américas, São Paulo, 1956, Vl. I, pp. 131-132.
3. *O Capital*, 26 de Março de 1973, Lisboa, Portugal. *Cristão-novo* ou *recém-converso*, neste caso, era o judeu convertido, quase sempre pela força, ao catolicismo romano.
4. F. W. Foerster, *A Questão Judaica*, Editora Herder, 1961, São Paulo, p. 138.
5. Marcos Margulles, *Os Judeus na História da Rússia*, Edições Bloch, Rio de Janeiro, 1971, p. 226.
6. Enciclopédia Judaica, Vol. II, pp. 557-559.
7. Rifka Berezin, *Caminhos do Povo Judeu*, Vol. IV, S. Paulo, 1a. edição, 1977, pp. 60-63.
8. F. W. Foerster, op. cit.
9. William L. Shirer, *Ascensão e Queda do Terceiro Reich*, Editora Civilização Brasileira, Rio de Janeiro, 1962, vol. IV, pp. 44-45.
10. Marcos Margulies, *Do Racismo ao Sionismo – uma análise conceitual*, Editora Documentário, Rio de Janeiro, 1976, p. 143.
11. *Revista Eclesiástica Brasileira*, Editora Vozes, Petrópolis, Dezembro de 1966, fasc. 4.
12. Meyer Levin, *Israel de Abraão a Dayan*, Dinal, p. 21.
13. Theodor Herlz, *O Estado Judeu*, Mercaz-Wizo-Brasil, Rio de Janeiro, 1954, pp. 42, 67.

14. *Palestina, Terra de Promessa e de Sangue*, Delegação da Liga dos Estados Árabes, Rio de Janeiro, 1969, p. 27.

15. *O Arauto de Santidade*, órgão da Igreja do Nazareno do Brasil, 15 de Abril de 1973.

16. Cit. In Demétrio Magnoli e Regina Araújo, *A Nova Geografia*, Editora Moderna, São Paulo, 1997, p. 260.

17. *Hechos de Israel*, Divisão de Informação, Ministério de Relações Exteriores, Jerusalém, pp. 42-43.

18. *Corrente Wizo*, abril-junho de 1982.

19. Revista *Novas de Alegria*, Lisboa, Portugal, nº 203, novembro de 1959.

20. Meyer Levin, Idem, pp. 204-205.

21. Yry Paz, *Guerra Relâmpago*, V.G.T. Ltda., São Paulo, s/data, p. 101.

22. Jornal *Folha de São Paulo*, edição de 23 de junho de 1968.

23. Revista *Aonde Vamos?*, Rio de Janeiro, 11 de Março de 1971.

24. *Hechos de Israel*, p. 49.

25. Ury Paz, Idem, p. 21.

26. Revista *Novas de Alegria*, Lisboa, Portugal, julho de 1970.

27. Padre Georges, *Deus nos Subterrâneos da Rússia*, Livraria Clássica Brasileira, Rio de Janeiro, p. 17.

28. Revista *Aonde Vamos?*, Rio de Janeiro, 16 de março de 1972.

29. Pontifício Instituto Bíblico de Roma, *Comentários à Bíblia Sagrada*, Editora Alfabeto, São Paulo, Vol. II, p. 578.

30. Antônio Neves de Mesquita, *Povos e Nações do Mundo Antigo*, Editora Bereana, Rio de Janeiro, 1954, p. 25.

31. Pontifício Instituto Bíblico de Roma, ob. cit.

32. Boletim Informativo da Obra Missionária *A Voz dos Mártires*.

33. Win Malgo, *Cinqüenta Respostas Tiradas da Palavra Profética*, Obra Missionária Chamada da Meia Noite, Porto Alegre, pp. 61-62.

34. Op. cit. p. 65.
35. Henry H. Halley, *Manual Bíblico*, pp. 296-297.
36. Op. cit. p. 278.
37. Synésio Lira, *O Oriente Médio, a Batalha do Armagedom e depois?...* S. Lira, Rio de Janeiro, 1974, pp. 63, 66-67.
38. H. L. Heijkoop, *O Porvir*, Depósitos de Literatura Cristã, Lisboa, Portugal, 1972, 2ª edição, pp. 123-124.
39. Revista *Novas de Alegria*, Lisboa, Portugal, maio de 1973.
40. Synesio Lira, ob. cit., p. 45.
41. Harry e Bonaro Overstreet, *A Guerra Chamada Paz*, Editora Letras e Artes, Rio de Janeiro, 1962, p. 16.
42. Clinton Rossiter, *Aventuras do Espírito*, Biblioteca Fundo Universal de Cultura, Rio de Janeiro, 1963, pp. 138-139.
43. Clinton Rossiter, op. cit. p. 140.
44. Gordon Lindsay, *Sinais da Próxima Vinda de Cristo*, Cruzada de Nova Vida, Rio de Janeiro, sem data, p. 13.
45. Karl Marx, *O Capital*, Bruno Buccini/Editor, Rio de Janeiro, 3ª Edição, 1968, pp. 38-39.
46. Ildefonso Albano, *A URSS do Deão*, I. Albano, Rio de Janeiro, 3ª Edição, 1945, pp. 41ss.
47. James DeForrest Murch, *A Aventura Ecumênica*, Edições Vida Nova, São Paulo, e Livraria Editora Evangélica, São Luiz, MA, 1963, pp. 67-68.
48. Hal-Lindsey, *Planet Earth – 2000 A.D.* (Planeta Terra – 2000 A.D.), Western Front Ltd., Palos Verdes, Califórnia, 1996, pp. 197-198.
49. Jack Van Impe, *2001: On The Edge of Eternity* (2001: No Limiar da Eternidade), Word Publishing, Dallas, 1996, pp. 51-52.
50. Revista A Seara, CPAD, dezembro de 1998, p. 38)

51. John Hagee, *O Começo do Fim*, Editora Mundo Cristão, São Paulo, 1997, p. 171.

52. Revista *Novas de Alegria*, Lisboa, Portugal, janeiro de 1953.

53. Revista *Novas de Alegria*, Lisboa, Portugal, junho de 1970.

54. Jornal *O Estado de São Paulo*, São Paulo, edição de 8 de janeiro de 1976.

55. E. Stanley Jones, *O Caminho*, Imprensa Metodista, São Bernardo do Campo, 1988, p. 351.

56. Fé Hahá'i Fatos Básicos, Editora Bahá'i do Brasil, Rio de Janeiro, 2a. edição, pp. 21-22.

57. Fernand Gigon, *Apocalipse do Átomo*, Ibrassa-Instituição Brasileira de Difusão Cultural S/A, São Paulo, 1959, pp. 1-3.

58. Bíblia Sagrada, *Versão da Liga de Estudos Bíblicos*, Editora Abril, São Paulo.

59. Idem.

60. Padre Antonio Vieira, Defesa Perante o Tribunal do Santo Ofício, Tomo II, Publicações da Universidade da Bahia, 1957, p. 236. [Vieira ensinou que em 1666 o Milênio seria estabelecido na terra, valendo-se de diversos argumentos, alguns deles fundamentados na Cabala. Esteve preso de 1663 a 1667.]

61. Jornal *Palavra da Vida*, Acampamento Palavra da Vida, Atibaia, São Paulo.

62. Uri Geller, *Minha História*, Editora Nova Fronteira, Rio de Janeiro, 1975, p. 181.

63. William L. LeRoy, *O Futuro da Igreja Mundial,* Missão Bíblica Presbiteriana no Brasil, São Paulo, 1969, p. 9.

64. Notas à Bíblia Sagrada, Reina, Valera, 1960, Sociedades Bíblicas en América Latina; renovada 1988 Sociedades Bíblicas Unidas.

65. *Gematria:* sistema criptográfico que consiste em atribuir valores numéricos às letras.

66. E. W. Bullinguer, *Como entender y explicar los números de la Biblia*, Editorial Clie, Barcelona, Espanha, sem data, p. 305.

67. E. W. Bullinguer, op. cit., p. 306.

68. E. W. Bullinguer, op. cit., p. 62.

69. Jean-Jacques Von Allmen, *Vocabulário Bíblico*, ASTE, São Paulo, 1963, p. 232.

70. Willard Cantelon, *A Morte do Dólar*, Editora Vida, Miami, EUA, 1973, p. 100.

71. John Wesley White, *Retorno*, Editora Vida, Miami, EUA, 1975, p. 200.

72. De um hino de Paulo Leivas Macalão (letra) e James McGranaham (música), *Harpa Cristã*, Casa Publicadora das Assembléias de Deus, 1981, no. 74.

Deuteronomio 1:7   Mateo 16:10
    Ezequiel 38:2-6-39   Lucas 21:29-30
        Isaias 44:8   Mateo 25:6
            Genesis 19   Lucas 21:28
               Ezequiel 38:13   Daniel 2
            Genesis 10:2
            Ezequiel 38:3
                "   "   38:15-16
                "   "   5:5
    Isaias 43-2 / Isaias 43:6
        Ezequiel 38 y 39 (Rusia) 4
Tesalonicenses 5:2
Salmo 91
    Ezequiel 38:18-23
              39 1-4
Genesis 1:26
Exodo 20:9 / 23:12 / 31-15.
Lucas 13:14
Apocalipsis 9
Ezequiel 39:1-4 / Ezequiel 39:9-10
    Joel 2:20 (importante todo).
Daniel 2:44
Zacarias 14-2-4 / Zacarias 9.
Daniel 9:24-27
Daniel 7:19
Lucas 21:24
1 Tesalonisences 5:3
Daniel 2:43-45
Mateo 21:42-44
1 Pedro 2:4
Apocalip. 13:1 / Apocal. 11-12
Daniel 7:7-8
1 Tesaloni 4:16-17
Mateo 16:3
2 Tesaloni 2: 6-8
2 Tesalo 2:3-4 / Tesa 4:9-10
Juan 5:43
Apocalipsis 20:7-10
Joel 3:2-12